Elmar Schenkel

Transsilvanien Express

Streifzüge durch ein sagenhaftes Land

Edition
Hamouda

Elmar Schenkel

Transsilvanien Express

Streifzüge durch ein sagenhaftes Land

Mit Zeichnungen des Verfassers

Edition
Hamouda

Zum Autor

Elmar Schenkel, geb. 1953 bei Soest/Westfalen, ist Professor für Englische Literatur an der Universität Leipzig, Schriftsteller, Übersetzer und Maler. Von 2011 bis 2012 war er Dorfschreiber in Katzendorf/Caţa in Siebenbürgen/Rumänien. Unter dem Titel *Mein Jahr hinter den Wäldern* hat er darüber ein Buch geschrieben (Connewitzer Verlagsbuchhandlung Leipzig, 2016). In der Edition Hamouda erschien u.a. *Der magische Globus – Geschichten für Kinder*. Freier Mitarbeiter der FAZ und bei *Liaisons – Magazin für interkulturellen Dialog*. Er hat zahlreiche Reisebücher und Essaybände, außerdem Erzählungen und Gedichte geschrieben.

1. Auflage, März 2017
Lektorat: Denise Keil, Katja Brunsch
Satz: Denise Dörries
ISBN 978-3-95817-016-2
www.edition.hamouda.de

Inhaltsverzeichnis

Literarische Funde

Vorwort

Seit meinem ersten Besuch in Rumänien und Transsilvanien/Siebenbürgen hat es mir dieses Land angetan. 2011-12 durfte ich Dorfschreiber von Katzendorf/Caţa (bei Kronstadt/Braşov) sein. Aus diesem Aufenthalt ist das Buch *Mein Jahr hinter den Wäldern. Aufzeichnungen eines Dorfschreibers in Siebenbürgen* geworden. Davor, daneben und danach sind weitere Texte entstanden, die nicht in das Buch einfließen konnten. Sie beschäftigen sich mit einem literarischen Raum, den ich zu entdecken begann. Er überlappte sich teils mit dem k.u.k. Reich, so dass ich alten Interessen, wie der Suche nach Kafkas Schloss einmal wieder nachgehen konnte, diesmal in Verbindung mit zwei anderen Schlössern in Siebenbürgen, dem Draculas und dem Karpatenschloss von Jules Verne. Transsilvanien als halb imaginäres, halb erschaffenes, halb vorhandenes (ja, es besteht aus mindestens drei Hälften) überschneidet sich auch mit dem magischen Rumänien von Mircea Eliade. Ich kannte ihn in meiner Jugend nur als Autor großer Bücher über Symbole und Religionen. Hier fand ich ihn wieder als literarischen Zaubermeister, der in die Archive des Unbewussten eindringt – gut, das hatte er zuvor eigentlich auch gemacht, allerdings in wissenschaftlicher Absicht. Um *Dracula* herum interessierte mich das Reisen von Briten in diesem Landstrich. Sie waren gereist, vor und nach Bram Stoker, aber diesen Wurf hatte ihnen der Nicht-Gereiste voraus. Dennoch, es entwickelte sich spätestens mit Patrick Leigh Fermors berühmter Wanderung von Holland bis ans Schwarze Meer eine große Gemeinde von Pilgern, die durch Rumänien zogen, wenn auch oft nur, um ihre Erfahrungen mit denen des Vorbilds aus den dreißiger Jahren zu vergleichen.

Ich füge auch ein paar meiner Reisetagebücher, von 2010 und 2016 hinzu, sozusagen im Sinne einer Rahmung meiner Zeit als Dorfschreiber: Rumänien als Entdeckung und Überraschung das erste, als Wiederentdeckung und Erweiterung die späteren Einträge. Die Entdeckung Rumäniens ist ein nicht abzuschließendes Erlebnis.

Unterwegs in Siebenbürgen

Transsilvanien ohne Dracula

Eine Reise nach Siebenbürgen (2010)

Bevor ich irgendetwas schreiben kann, mache ich nur Skizzen mit dem Filzstift, sinnlose Köpfe, schräge Schatten, gefiederte Landschaften. Dann stelle ich mit Erschrecken fest, dass das Land, wo wir mit dem Propellerflugzeug gelandet sind, Transsilvanien heißt und jenseits der Wälder liegt es, jenseits unserer Vorstellungen. Schon die dunkel unterlaufenen Augen der Stewardess. Draculas unsichtbare Hand ruht noch kurz in jedem folkloristischen Ornament, aber dann zaubert der Taxifahrer aus acht Kilometern 22, vervierfacht den Preis und alles ist wieder gut. Auf einmal stehen wir mit unseren Rucksäcken vor einem Springbrunnen, der von einer schwebenden Figur überthront wird. Eine orthodoxe Kathedrale und ein goldenrotes Theater halten den Platz im Gleichgewicht. Wo wollen wir eigentlich hin? Zwei junge Frauen geben eine erste Richtung an. Es sind Deutsche, auf dem Weg zu einem Tanzworkshop. Cluj/Klausenburg ist eine Mischung aus Galizien und Italien und die Leute überschlagen sich vor Freundlichkeit, als wir nach Wegen fragen. Lange Spaziergänge hinein in diese komplexen Vergangenheiten, schattige große Villen, in langer Feuchtigkeit schwarz und brüchig geworden, wie monumentale Grabmäler der letzten Generationen. Skateboarder im Park, Kinderrummel auf alten quietschenden Karussellen und allerneuester Zauberkram aus China, Boulevards und Plätze, auf denen die Sonne südlich schreit. Nun aber plötzlich ein Wolkenbruch mit Blitzen und wir hüpfen von Torbogen zu Torbogen, und die Autos werfen Pfauenräder aus Wasser und durchgenässt sind wir an diesem ersten Tag in Transsilvanien.

Mit dem Zug nach Schäßburg/Sighişoara. Die Frau gegenüber streichelt die Glatze ihres Mannes, der auch ihr Sohn sein könnte, massiert seine Hand pausenlos, ihm ist das alles monoton. Die zarte Frau mit dem großen Gesicht, sehr modisch gekleidet, schlägt bei jeder Kirche, an der wir vorbeifahren, ein Kreuzzeichen und liest ein frommes Büchlein mit kyrillischen Zeichen, bevor sie eine halbe Stunde telefoniert. *Schäßburg*, da klingt deutsches Mittelalter mit, das Summen der Provinz. Die sächsische Enklave in Rumänien, ein Phantomdeutschland mit Karlsburg, Wurmloch, Weißkirch, Kronstadt und Katzendorf. Es heißt auch Siebenbürgen, dieses Land, das über 800 Jahre bewohnt wurde von Einwanderern, die sich Sachsen nennen, aber sich am besten mit den Luxemburgern verstehen. Denn sie kamen auf Ruf des ungarischen Königs aus dem Rhein-Mosel-Gebiet. Wer vom entlegenen Bahnhof in die Stadt geht, durchquert den Balkan. Das lächelnde Kind, das erste Erfahrungen beim Betteln sammelt, es ist noch spielerisch, die abgezehrte Frau mit dem Baby im Arm. Auf Plakaten der Tourismusbranche wird davon abgeraten, den Bettlerinnen etwas zu geben. Der Bettler mit seinem ewigen Lied. Für den Augenblick, indem er dich anspricht, wirst du zur Person – ein persönliches Gebet, mit dem er sich mit dir verbindet durch das Mitleid. Kaum hast du gegeben, richtet sich sein Blick ins Abstrakte, Vage, deine Person löst sich auf wie Nebel, und längst ist er mit seinen Augen bei der nächsten Seele, die er sogleich mit denselben Mitteln materialisieren wird. Besser als alle Geschichte konserviert der evangelische Bergfriedhof die Namen und das Tun der Sachsen von Schäßburg. *Joseph Roth* war Steinmetzmeister, *Fritz Andrae* Bürstenerzeuger, *Johann W. Broser* Spiritusfabrikant, *Josef Schuller* Hutmacher, *Friedrich Schuller* Städtischer Forstwart. *Lotte Schleinitz* wurde in Leipzig geboren und starb 1927 mit zwölf Jahren in Schäßburg. Beim Blick von oben aus der gepflasterten Stadt ist man wie im Mittelalter eines expressionistischen Films gefangen, einem Vorkriegsmittelalter. Zweifellos sind die Dächer aus Drachenhaut, so geschuppt liegen sie auf den Fachwerken und Mauern, und jeden Augenblick könnte ein solcher Drache sich aus den verwinkelten Häusern lösen und in die Siebenbürger Luft erheben. Ganze Dächerschlangen ziehen so durch den Himmel. Schon bei dem berühmten Georgsdenkmal in Cluj fiel mir auf, dass der Ritter in seiner Rüstung mindestens so geschuppt war wie der Drache, kaum noch zu unterscheiden die beiden. Die Stadt ist ein Reptil in der Landschaft mit ihren spitzen Giebeln und Türmen. Zu schreiben wäre eine Theorie der Schuppen, sie ist notwendig.

Aber wir wissen auch, dass aus dem expressionistischen Film eines Fritz Lang die Raketen zum Mond aufstiegen. Der Weltraum ist eine Erfindung aus Siebenbürgen. Bei Sibiu/Hermannstadt ließ der Techniker Conrad Haas Mitte des 16. Jahrhunderts die ersten mehrstufigen Raketen hochgehen. In Schäßburg wuchs Hermann Oberth auf, der Vater der modernen Raumfahrt, der erst für die Nazis, dann für die Amerikaner arbeitete. Als Schüler widerlegte er Jules Verne und soll auf Schäßburger Sprungbrettern die Schwerelosigkeit geübt haben. Unterhalb seines Gymnasiums stoßen wir auf ein Kriegerdenkmal von 1924, in Raketenform. Seither ist mir klar, dass die Gotik die Raketen hervorbrachte.

Ulrike wird angebettelt von einer Romafrau, will ihr aber kein Geld geben, sondern geht mit ihr in einen Laden. Dort darf sich die Frau Wurst und Kuchen aussuchen, dann schlägt sie Ulrike vor, sie solle doch mitgehen zu ihr nach Hause, da könne sie die armen Kinder fotografieren. Geht gar nicht.

Die Türen im Zug stehen weit offen, keine Probleme gibt es hier mit erhitzten ICE-Konserven, den Rückschritten der Technik, von denen Deutschland in diesem heißen Sommer heimgesucht wird. Die Landschaft wedelt hinein wie Hund, eine grüne hügelige Welt mit leichten Wäldern, sich aufwellend wie grünes Segeltuch im Wind. So kommen wir nach Cața/Katzendorf und gehen durch den rumänischen Teil des Dorfes, wo wir uns mit einer Packung Camel beliebt machten, zur

Kirchenburg der Sachsen. Der Hausherr des Pfarrhauses, der Herr Schuller, den wir besuchen wollen, ist nicht da, so gehen wir spazieren, grüßen einen wackeligen alten Herrn, den wir später an unseren Rucksäcken fummeln sehen, denn er sammelt Plastikflaschen. In der deutschen Schule, in der keine Deutschen mehr sind, dürfen wir unsere Säcke abstellen, man sagt uns, die Frau Markus sei da, die Hüterin der Kirchenburg. Frau Markus ist um die siebzig, sie wohnt längst in Deutschland, hält sich aber hier im Sommer auf wie viele Sachsen, pflegt ihre Besitztümer und Pferde und betreut die Kirchenburg: eine Sommer-Sächsin. Von einst 600 sächsischen Seelen gibt es heute nur noch zwei, die hier wohnen, eine behinderte Frau mit ihrem Sohn, alle anderen sind Sommersachsen. Sie können nicht lassen von der alten schönen Heimat, die so ganz anders ist als das effiziente, aber doch kältere Deutschland. Zu Ceauşescus Zeiten sind manche ausgewandert oder ausgewiesen worden, doch die große Welle kam in den 1990ern, als man keine Zukunft mehr in Siebenbürgen sah.

Die Kirchenburg: eine evangelische Kirche in der Mitte, umgeben von einer Wehrmauer mit Türmen und Scharten. So verteidigte man sich gegen Türken und andere Horden, die durch Siebenbürgen zogen. Der Turm ist neu, der alte war brüchig, es rieselte immer so, meinte der Glöckner, und in der Nacht, bevor sich endlich eine Kommission mit dem Problem beschäftigen wollte, stürzte er ein. Die historischen Risse zwischen den Gruppen und Völkern, die hier alles durchlaufen. Eben, sagt Frau Markus, waren Ungarn hier, denen habe ich aber nicht gesagt, dass ihre Landsleute die Kirche in Brand gesteckt haben.

In ihrem Haus wohnt der Rossknecht und der Hund.

- Der Felix bellt nur bei Zigeunern, aber nicht bei Sachsen.
- Und Rumänen?
- Mal so, mal so.

Sie backt Siebenbürger Krapfen für uns auf, die haben keine Marmelade drinnen, sondern nur ein Loch, die Sachsen können hart sein, aber die Krapfen gehen dann besser auf.
Die Zigeuner, sagt sie, haben keinen Glauben und gar nichts. Sie bringt ihnen aus Deutschland sackweise gebrauchte Kleider mit, später laufen die Kinder dann tagsüber in Pyjamas herum, wo sind die Kleider geblieben? Nein, von den Zigeunern hält sie nichts. Dann legt sie uns zwei dicke Bände auf den Tisch: die Geschichte von Katzendorf, zusammengestellt von ihrem Schwiegersohn, einem Bayern, der sich so in Katzendorf verliebte, dass er über dieser Arbeit Beruf und Frau vernachlässigte und zum Ex-Schwiegersohn wurde. Entweder Katzendorf oder ich, sagte die Frau, und setzte ihn eines Tages vor die Tür. Wenn ein Katzendorfer irgendwo in der Welt stirbt, sagt Frau Markus, dann läuten wir hier die Glocke. Wir erzählen ihr, dass wir zum Schuller wollen. Dem Schuller sein Sohn, sagt sie, der arbeitet ja als Fotograf bei diesem Dieter Bohlen.
Der Schuller in seinem Pfarrhaus ist noch nicht da, da nützt kein Klopfen und Klettern, aber dafür steht jetzt ein Auto vor der Hoftür mit einem Kennzeichen aus meiner westfälischen Heimat. Ein Sommersachse, diesmal ein Busfahrer aus Lippstadt, mit seinem Vater, der mit seiner Kapitänsmütze herumspringt, die Nachbarn aufmischt und Lebensweisheiten von sich gibt. Der Schuller, ruft er, wo ist der Schuller!
Martin Junior ärgerte sich, als man ihm nach seiner Ausreise in Lippstadt immer Rumäne nannte. Die Rumänen haben keinen guten Ruf in Deutschland, sagt er. Da keiner „Siebenbürger Sachse“ verstand, nannte er sich „Donaudeutscher“ so wie die „Wolgadeutschen.“ Morgen muss er nach Kronstadt gefahren werden, da er seinen Führerschein verloren hat. Warum kommen wir nicht mit, wir können ihn hinbringen, dafür lassen sie uns bei sich wohnen in Reps. Der Schuller ist sowieso nicht da.

Wir wohnen auf einem echten sächsischen Hof mit Tor und Sitzecke, und schlafen in den alten Gemächern der Siebenbürger, wo die Betten hochaufgetürmt sind, Porträts aus der Vergangenheit steif herabschauen auf das lose Getue der Gegenwart, wo große Uhren die große Zeit verkünden und Geschenke von Hochzeiten und runden Geburtstagen die Wände und Schränke schmücken und Martin Senior jetzt wieder ein Junior ist. Am nächsten Tag fahren wir den derzeitigen Junior nach Kronstadt/Braşov im Burzenland, nicht weit vom Schloss des Dracula, der niemals dort war, wo ich auch niemals war. Martin erhält seinen Führerschein noch nicht, dafür ein Augenzwinkern von einem rumänischen Freund auf dem Amt, der andeutet, dass alles noch besser wird. Für uns heißt das: zwei Übernachtungen springen heraus, denn wir müssen ihn ja wieder hinfahren. Zu Hause wartet der Senior. Was mag Schuller wohl heute machen, fragt er uns, wo ist denn der Schuller heute? Er kann doch nicht ewig weg sein, dieser Schuller. Wir fahren wieder nach Katzendorf und heute öffnet sich uns das Pfarrhaus, der Schuller ist da! Sohn eines Pfarrers, Künstler, Filmemacher, Genießer, Kenner Siebenbürgens. Sein Garten führt direkt in die Kirchenburg hinein. Siebenbürgen, sagt er, war immer ein bisschen kommunistisch, das hatte Marx schon gewusst, und war gepaart mit Konservativismus, denn man wollte die Eigenart bewahren gegenüber den anderen. Martin sen. erzählt fortwährend Witze, aber Schuller, der Anspitzer, macht aus den deutschen und russischen Witzen rumänische, indem er ihnen subtile Wendungen gibt. Frau Markus ist auch dabei. Fragen Sie mal einen Deutschen, sagt sie, ob der weiß, wo die Donau entspringt. Hier wissen es alle Sachsen. Sie zeigt uns später ihre Pferdeställe, echte Lipizzaner, aber was macht sie damit, da sie doch das halbe Jahr in Deutschland lebt? Der rumänische Rossknecht muss sich um sie kümmern. An Schullers Fenster klopft es, eine Zigeunerin. Nein, sagt Schuller, ich kaufe nichts. Sie hat

Maiskolben dabei, die sie gerade vom Feld gerupft hat. Immer soll ich was kaufen. Ich soll für den Sarg eines verstorbenen Kindes zahlen und wenige Minuten später kommt das Kind lachend um die Ecke gehüpft. Aber es ist alles halb so schlimm – man lebt doch mit ihnen. Er hat einen Film über Zigeuner gedreht und seine deutschen Freunde haben die Nasen gerümpft, dass er sie Zigeuner und nicht Roma und Sinti nennt. Aber was soll ich tun, so wollen sie selbst genannt werden. Ein Zigeuner ist stolz darauf, Tsigan zu sein! Man muss die Einstellungen zu den Worten ändern, nicht das Wort, das ist doch zu billig. Roma und Sinti sind doch nur Unterbezeichnungen für einzelne Gruppen. Martin sen. gibt zu, dass die Siebenbürger immer auf die Zigeuner angewiesen waren. Sie brauchten sie in der Landwirtschaft als Tagelöhner, Rossknechte und dergleichen. Kein Siebenbürger Reichtum ohne die Zigeuner. Natürlich waren die Sachsen sehr betroffen, als sie aus der russischen Deportation zurückkamen und in ihren Häusern die Zigeuner saßen. Da gab es lange Unfrieden. Aber vergesst nicht, wer die Zigeuner in die Konzentrationslager brachte.

Wir fahren mit dem Rad in ein anderes Dorf, Deutsch-Weißkirch/Viscri. Dort hütet die Kirchenburg eine alte Frau, von der wir zuvor ein Buch gelesen hatten. Um halb elf stapft sie den steilen Berg hinauf, wo die Touristen aus Frankreich, Polen und Deutschland warten. Eine Gestalt aus Grimms Märchen mit einem großen Schlüssel, so energisch wie klein. Die Burg dürfen wir erklettern, die Bänke betasten, die Türme, uns Feinde vorstellen, die Sachsen in Trachten, die sonntags in die Kirche ziehen und singen, dass die Bänke wackeln. So hat es ein Freund noch vor dreißig Jahren erlebt. Wir sprechen sie auf ihr Buch an, sie ist's zufrieden. Aber kennt sie auch den Herrn Schuller?

- Ich sag nur, was ich denk, und sonst nix.

- Und was denken Sie?
- Den Sohn, den hab ich rausgeworfen, der wollte hier so einen Film machen, mit welchen Nackten in Perücken!
Überhaupt wird Weißkirch von Prominenz heimgesucht. Peter Maffay hat in der Nähe ein Haus und war gerade zu Besuch, ja, man sah ihn tanzen auf dem Weißkircher Treffen. Der Maffay, sagen sie, der tut Gutes für die Kinder hier. Die Unesco hat die Anlage und das Dorf zum Weltkulturerbe erklärt und nun verkauft die Burgfrau Filzpantoffeln von einer Zigeunerin an Touristen – ein Projekt, das von Prinz Charles persönlich unterstützt wird. Dieser Prinz hat auch ein Haus in Weißkirch. Sie mögen ihn sehr, und einmal haben sie ihm echte sächsische Trachtenmäntel geschenkt, wofür er sich in einem Brief auch sehr brav bedankt hat.
Schuller, als wir ihn wieder besuchen, hört nicht gern, was über seinen Sohn erzählt wird. Der arbeite gar nicht für Dieter Bohlen. Außerdem habe er doch viel für die Sachsendörfer gemacht, herrliche Fotoserien, darüber rede aber keiner, nur über diese Sache mit der Klum, und das seien doch nur harmlose Models gewesen. Sie seien halt konservativ, die alten Siebenbürger. Schuller selbst hat einen Film gedreht über einen Deutschen, der den Siebenbürgern ihre Glocken abkaufen will, aber allmählich eines besseren belehrt wird. Er kann faszinierend erzählen, da schwingt das alte Europa mit, die k.u.k.-Monarchie, der Schwejk, und so spricht er von dem Hermannstädter Erfinder der Mehrstufenrakete, von den Zipsern, Landlern und den Széklern und gibt uns noch einen Spruch mit, mit dem man jede ungarische Grenze problemlos überquere: *Magyar emver, uri emver.* Der Magyare – ist ein Gentleman. Und jetzt, sagt er, müsst ihr noch ins Zigeunerdorf gehen. Ihr braucht keine Angst haben, sie wissen, dass ihr von mir kommt und dann passiert gar nichts.
In der Abenddämmerung gehen wir also dorthin, gleich um die Ecke, und man ist plötzlich in einem indischen Dorf, man wird

begrüßt und begafft, habt ihr mal 'ne Zigarette? oder man lacht uns zu. Mitten im idyllischen Siebenbürgen steht ein Slum, der Staat kümmert sich nicht, die Bewohner scheinen sich auch nicht zu kümmern. Eingefallene Dächer, übermüllte Wege, wie soll es im Winter werden? Auf dem Rückweg überholt uns ein Roma auf dem Pferdewagen, der Kutscher winkt uns zu, wir sollen mitfahren, und so rollen wir wie in einem romantischen Zigeunerfilm durch das Dorf, die Bevölkerung hat ihren Spaß, der Kutscher auch, denn er legt einen Zacken zu, so dass wir fast über Bord gehen.
Am Abend kommt auch Martin sen. zufrieden zurück. Er trägt einen gewaltigen frischen Schafskäse in der Hand. Er wollte einen unerwünschten Hund aussetzen, traf aber einen Schäfer. Da erzählte er ihm lieber, was für ein scharfer Rattenfänger dieser Hund eigentlich sei, der Schäfer war begeistert, er brauchte schon lange einen Rattenhund und gab ihm ein großes Stück Käse dafür. Der Hund hat aber sein Lebtag keine Ratte gefangen, sagt das alte Schlitzohr, der nimmt doch Reißaus, sobald es nur raschelt!

Am Bahnhof Kronstadt/Braşov auf dem Bahnsteig stehen Küchenmöbel. Bald finden sich Zigeuner ein, die sie immer wieder inspizieren, Türen aufklappen, in die Schubladen schauen. Und irgendwann steht der Schrank in einem Zug und tuckert durch die Landschaft. Wir kommen abends in Sibiu/Hermannstadt an. Das erste Tor, an dem wir anklopfen, wird von einem alten Herrn geöffnet:
- Wo kommt ihr her?
- Aus Leipzig.
- Ah, gewesene DDR. Wie lebt man dort?
- Gut. Und hier?
- Schlecht. Nebenan ist eine Pension.
Ich sage auf Rumänisch Danke, da schreit er: „Ich spreche deutsch! Ich bin der letzte Deutsche von Hermannstadt! Die

anderen sind weggelaufen. Bleiben Sie mir mit Ihrem Rumänisch vom Leibe! Ich ärgere mich, wenn Sie mich auf Rumänisch ansprechen!"

Wir stoßen auf weitere Sachsen, die geblieben sind. In Heltau/ Cisnădie steht das sozialistische Denkmal mit Kanone. 2005 hat man ein neues Schild hinzugefügt: „Für die rumänischen und sächsischen Soldaten, die für ihre Heimat gefallen sind." Man sollte nur noch auswechselbare Denkmäler bauen, den Rahmen lediglich, in den man das jeweils aktuelle Heldenbild hineinschiebt. Erika Fleps ist die Burghüterin von Michelsberg. Sie sitzt vor dem Kiosk mit ihrer Freundin und spricht sächsisch, wir verstehen gar nichts, aber sie sagt, neben den Luxemburgern würden die Bayern sie ganz gut verstehen. Am Fuß des Kirchbergs steht ein Campingwagen mit Pferdestall, leicht heruntergekommen, angemoost, das Pferd sehr mager und alt, viele kleine Hunde wedeln herum und drinnen sitzt ein Alter mit Baseballkappe. Auf dem Campingwagen klebt mit Tesa ein verblichenes Abendmahl von Leonardo da Vinci. Auch ein Engel und der Umschlag einer Packung „Katzenzungen" (Oh, einst, in der fernen westfälischen Kindheit, als die ersten Katzenzungen erschienen!). Der Mann ist Sachse, ist aber in den 1990ern, als die meisten nach Deutschland zogen, auf dem Hof geblieben, weil seine Mutter alt und krank war. In Deutschland wäre sie ohne die Tiere sofort gestorben.
- Ja, heute die jungen Leute, die können nicht mehr mit den Tieren. Nur vor dem Computer, das ist nicht gut, das ewige Sitzen.
Im Sommer wohnt er hier am Eingang vor der Bergkirche, sein Hof ist unten im Dorf. Auch Frau Fleps ist hiergeblieben. Zu essen gibt's immer, sagt sie, und viel mehr als essen braucht man nicht. Arbeit gibt's hier auch genug in den Fabriken. Jedes zweite Dorf rühmt sich inzwischen mit einem Haus, das Prinz Charles gehört. Ihm gefällt diese Gegend, diese Häuser, dieses Handwerk.

In Alba Julia/Weißenburg bringt uns ein Journalist in die Zitadelle und klagt, dass zu wenig Touristen kommen. Alle bleiben in Hermannstadt. Um zwölf gibt es eine österreichische Parade wie jeden Mittag, zur Erinnerung an die Kaiserin Maria Theresia, die diese Festung mit Hilfe von Zwangsarbeit bauen ließ. Eine österreichische Trachtenkapelle besteigt gerade ihren Bus, ich rufe: Halt! Wollt ihr uns nicht noch etwas spielen? Grummelnd kehren sie wieder um, stellen sich auf und spielen die alte Kaiserhymne, „die ihr uns geklaut habt und die ihr das Deutschlandlied nennt!"
- Das klingt besser als unsere Nationalhymne.
- Wir wissen auch warum. Wir spielen sie nämlich langsamer.
In Cluj finden wir kein Zimmer, es gibt nur noch eine Wohnung im Plattenbaugebiet. Unsere Vorgänger müssen Heavy Metal-Fans gewesen sein, Pizzakartons stapeln sich in der Küche. Wir gehen in einem Wäldchen auf und ab, wo man sich ausruht oder Schach spielt, und den Abend auf sich sinken lässt. Dann zieht ein Gewitter auf, es grollt wie das Ende einer Reise, dunkle Tücher hüllen den Himmel ein, die Wohnblöcke verschwinden in Tinte, aber fünf Minuten lang waren wir Rumänen.

Katzendorfer Rede

Zum Erhalt des Dorfschreiberpreises, gehalten am 1.10. 2011 unter den alten Eichen in den Hügeln

Liebe Freunde, Katzendorf wird für mich – mindestens ein Jahr lang – zum Zentrum der Welt werden. Ich darf mich einen Bewohner des Nabels nennen, Omphalos. Wie nähert man sich diesem Zentrum? Ich weiß noch, wie wir vor einem Jahr etwa vor dem Pfarrhaus lagerten und die Dörfler uns im Auge hatten. Aber der Bewohner, der Herr Schuller, kam und kam nicht. Wir waren auch nicht angemeldet. Warum sollte er also kommen?

Das Ganze stand kurz davor, ein Stück von Beckett zu werden, *Warten auf den Schuller* – und nicht zu vergessen, dieser Schuller war unter anderem ein Regisseur.

Da fuhr ein Auto herbei und hielt an. Das Nummernschild zeigte die Kürzel meines Heimatkreises in Westfalen. Lippstadt im Kreis Soest! Man lud uns ein, bei ihnen auf den Schuller zu warten. Wir verbrachten also Tage im Haus dieser Herrschaften, Vater und Sohn aus Reps, aber nur noch im Sommer da. Der Schuller wurde mehr und mehr zu einem Fantasma.

Wir redeten nur noch über den Schuller. Was macht er jetzt wohl, das Schlitzohr, wo treibt er sich rum. Ist er in Wirklichkeit in seinem Pfarrhaus, doch will vielleicht niemanden hereinlassen? Beobachtet er uns aus einem Nachbarhaus, während wir mehrmals bei ihm anklopfen?

Dann war er eines Tages da, einfach so, niemand wusste warum und woher, seine Gefährtin war dabei, und er erklärte uns Siebenbürgen, und zwar mit dem Blick dessen, der drinnen und draußen ist. Da wurde uns Außenstehenden manches begreiflich. Vor allem aber überraschend das Meiste. Wer wusste bei uns schon etwas von den Kirchenburgen, den Türken und Ungarn, den Rumänen und Roma. Es schien Alteuropäisches hindurch, bis in den sprachlichen Gestus hinein. Der Frieder

wusste alles poetisch und historisch aufzutischen auf seinem großen Tisch im Garten des Pfarrhauses. Frühstücke und Buchen und Birnen, Abende im Schatten des Mondes. Herzlichen Dank an ihn!
Gefallen hat uns seine Art, auch mit den Zigeunern umzugehen, menschlich, verständnisvoll, aber auch kritisch, denn auch die Kritik gehört zur Menschenwürde. Bereichernd immer wieder: seine große, altmodische Liebe zur Kunst und Dichtung und zu Siebenbürgen. Und auch hier Kritik gegen manches Siebenbürgisch-Sächsische, auch die Sachsen sind Menschen. Wir saßen bei Kaffee und Kuchen mit den Sommersachsen, tauchten ein in die Siebenbürger Geschichte wie in eine Stadt, die vom Meer der Geschichte verschlungen wurde. Es hatte alles einen Widerhall in unserer eigenen, deutschen Geschichte, und doch war alles seltsam eingehüllt in ein rätselhaftes Licht. Auch solche Erkenntnisse wie: die erste Schulpflicht Europas war in Siebenbürgen. Die erste Demokratie.

Das Traumland erwachte, ich hatte es zuvor mit *Siebenkäs* in Verbindung gebracht. Schullers Geschichte von dem Transport der Statue des Honterus von Deutschland nach Kronstadt (leider ins falsche, irgendwo bei Königsberg) – alles scheint hier doppelt zu sein, eine Spiegelung, und doch anders. Es ist wie auf Borges' Planet Tlön, Uqbar, Orbis Tertius – den es nur in einem Exemplar einer vergriffenen Enzyklopädie gibt. Oder ist es wie der Mond in Ariosts *Orlando Furioso*, wo die Menschheit alles hinschickt, was sie abgelegt hat, vergessene Dinge, Liebesschwüre, alles in Flaschen aufgestellt auf dem Mond? Vielleicht eben nicht nur Verdoppelung, wahrscheinlich werden die Dinge hier versiebenfacht oder einfach nur versiebt? Wenn der Deutsche redet, glaubt er eindeutig zu sein, kommt er nach Rumänien, so wird er siebendeutig.

Georg Maurer machte in seiner Jugend eine ähnliche Erfahrung, als Rumänien im Ersten Weltkrieg von den Deutschen besetzt war:

> Mit den deutschen Soldaten hielten wir Kinder herzlichste Freundschaft. Ein Vorfall jedoch betrübte mich. Eines Tages nämlich kam zu uns ein Gefreiter namens Nitzsche. Meine Mutter sagte (…) ah, Sie heißen wie der große Philosoph. Das beeindruckte mich. Darauf antwortete der Gefreite Nitzsche: Ja, ich wohnte auch mit ihm im gleichen Haus. Und der Postbote verwechselte uns, so dass die Briefe, die an den Philosophen gerichtet waren, oft in meine Hände kamen. Diese Worte bewegte ich als 9jähriger in meinem Herzen. Als ich dann nach einigen Jahren das Unmögliche dieser Aussagen einsah, war mein fanatischer Glaube an alles Deutsche, den jeder Auslandsdeutsche als seinen tiefsten Schatz hegt, um einiges erschüttert. (*Über mich*, 54-55, Bd 1).

Angefangen hatte das alles in einer Buchhandlung in Leipzig, genannt Wörtersee. Zu ihr gehört der Verlag Connewitzer Verlagsbuchhandlung von Peter Hinke. Maurer hat er schon sehr früh verlegt, an ihm liegt ihm viel. Georg Maurer, das war für Peter nicht nur ein herausragender Lehrer am Literaturinstitut „Johannes R. Becher“, das war vor allem ein Lyriker von Rang, und dazu ein gebürtiger Rumäniendeutscher. Peter Hinke schenkte mir eines Tages die zwei Bände der Gesammelten Werke. Er erzählte auch einem Freund, dass ich vorhabe, Rumänien zu bereisen. Dieser Freund war der Herr Bohse, der nun bei uns sitzt, und dieser gab mir wichtige Tipps auf die Reise mit. Vor allem aber steckte seine Begeisterung für Rumänien an. Sein Hinweis, wir sollten diesen Frieder Schuller mal besuchen, war von einem solchen Enthusiasmus getragen, dass wir tatsächlich den Weg nach Katzendorf auf uns nahmen, ohne auch nur mit Frieder in Kontakt zu sein. Diese ersten Tage in Katzendorf und Reps drehten sich wie ein Rad, auf dem sich wohlbekannte Gestalten und Orte befanden: Deutsch-Weißkirch/Viscri, die gute Frau Dootz, Frau Markus mit ihren Pferden, das filmreife Schäßburg, die Lügenbrücke von Hermannstadt, die Schwarze Kirche in Kronstadt, sächsische Friedhöfe, ungarische Mahlzeiten, Zigeunerprinzessinnen und Pferdegespanne.

Was werde ich hier tun? Was ist überhaupt ein Dorfschreiber? Sicherlich kein Dorfhistoriker. Die Chronik von Katzendorf ist zum Glück schon geschrieben, von einem, der sich in das Dorf verliebte. Es sind zwei dicke Bände, die ich mir in diesem Jahr anschauen werde. Aber was nehme ich mir sonst vor?
- Ich möchte mich in die Landschaft und Menschen versenken, schreibend und malend, mit den Rumänen, Sachsen, Zigeunern, Ungarn und anderen reden.
- An einer Brücke zwischen Leipzig und Siebenbürgen bauen. Oder zwischen Katzendorf und Meusdorf.
- Das weitere Rumänien kennenlernen (was bedeutet Rumänien für Deutsche heute?).
- Mit dem Fahrrad oder Moped herumfahren oder auf dem Pferd (was für ein Traum) herumreiten.
- Ein Gedicht über alte Pfarrhäuser schreiben.
- Ein Haiku in eine Kirchenburg kleben.
- Ein wenig Rumänisch lernen – da kommen meine westöstlichen Sprachinteressen zusammen, am Romanischen und Slawischen.
- Briefe aus Katzendorf an die Welt schreiben.
- Das Leben der Katzen studieren und fördern. Ihnen rumänische Namen geben. Zum Beispiel werden wir unsere zugelaufene Katze in Leipzig Mircea nennen.

- Ich möchte hier sogar meine beruflichen, das heißt anglistischen Interessen verfolgen – anhand der britisch-amerikanischen Reiseliteratur zu Rumänien, ich denke an Emily Gerard oder Patrick Leigh Fermor, an Bram Stoker und Jules Verne. Und nicht zu vergessen: Prinz Charles.
- Soll ich eigentlich dazu beitragen, dass McDonald's neben dem Cheeseburger, Hamburger und Spießburger nun auch noch einen Sevenburger ins Programm nimmt? Ein hehres Ziel, aber nur für andere; mir wäre lieber, könnte ich es verhindern.

Ich danke nun allen, die mich und uns nach Siebenbürgen gebracht haben: zuallererst Frieder, dann dem rumänischen Schriftstellerverband, dem Bürgermeister von Katzendorf, der Stiftung Felicitas Now! und Reinhard Bohse, der das alles in einem See von Wörtern ausgeheckt hat. Und den Sieben Bürgen, die mich hierher begleitet haben. Auf eine gute Zeit!

Rumänisches Intermezzo

Reise nach Moldawien, Siebenbürgen und in die Bukowina (2015)

Morgens wache ich mit einem Satz auf: Wo und wann ich geboren bin, weiß ich – aber warum, das weiß ich nicht. Umgekehrt: Ich weiß nicht, wo und wann ich sterben werde, aber ich weiß, warum.
Im Flugzeug eine ländliche Gruppe aus Rumänien, sie haben so viel Spaß wie sie Zahnlücken haben. Sie kommen von den schottischen Highlands zurück, wo sie sich mit den dortigen Dörflern getroffen haben. Dabei hat man eine grundlegende Ähnlichkeit festgestellt und gefeiert.

Sibiu/Hermannstadt
Eine Touristengruppe aus Deutschland beim Frühstück, unter ihnen ein alter Siebenbürger Sachse. Man fragt ihn, ob er Abschiedsschmerz habe. Er verneint, denn er versteht immer nur *Abschiedsschnaps*.
Welch ein südlicher Tag. Die Kinokulisse Sibiu, unwirklich wie eh und je. Die Dächer mit den Reptilienaugen, die schon E.M. Forster bemerkte. Treffe Kurtfelix im Hof des deutschen Kulturzentrums. Er raucht, lacht und schärft seine Witze wie Bleistifte. Ein Sachse setzt sich zu uns. Er ist aus München, Kurtfelix und er haben sich seit 16 Jahren nicht gesehen. Renoviert die Kirchenburg seines Heimatdorfes. Der Burgwächter sei meist betrunken, der Pfarrer auf der Flucht.

Im Theater geben sie das deutsche Stück *„Panik – Psychodrama für Männer“*. Der Regisseur ist Luxemburger und versteht daher die alten Sachsen sehr gut, denn dort liegen unter anderem ihre Wurzeln. Demnächst wird er ein Stück über Oskar Pastior aufführen.

Cața/Katzendorf
Erster Tag wieder in meiner Heimat, wo ich Dorfschreiber war, im alten Pfarrhaus. Es ist heiß und wir nähern uns dem Ende September. Abends bei der Anna auf der Bank vor dem Hoftor. Ihre Schwester ist zu Besuch aus Deutschland. Wir schauen dem Viehtrieb zu, die Tagesschau von Katzendorf. Ein schwarzer Hund kommt zum Betteln vorbei, doch die Anna bleibt hart: „Geh, geh!“ Eigentlich, sagt sie, ist es der Sohn meines verstorbenen Hundes. Aber er ist bei den Zigeunern aufgewachsen und er würde nicht mehr anschlagen, wenn ein Zigeuner vor der Tür wäre. Ein nutzloses Tier. Der Vater war aus anderem Holz!

Heute kam eine anonyme E-Mail, die mein Leben umkrempeln könnte. Was machen? Ich lese Montaigne. Die Hitze hüllt alles ein.
Auf der Brücke steht ein kleiner Rumäne im Overall der Deutschen Bahn. Er schaut mir beim Zeichnen zu. Schließlich: „Sind Sie Architekt?“ Dann: „Gefällt es Ihnen hier?“
- Ja, es gefällt mir, sage ich.
- Mir gefällt hier gar nichts, sagt er. Er schaut mich traurig an.

Im Winter haben Gauner die Betonplatte aus der Mauer des sächsischen Friedhofs gerissen, um den sich die Anna kümmert, wenn sie hier ist. Zertrümmert dann und den Draht rausgerissen und als Schrott verkauft. Und seit gestern habe jemand Müll in die Mauerlücke geworfen. Die Anna hat einen Verdacht und hat den Polizisten benachrichtigt. Der kleine Junge auf der Bank neben ihr, ein Zigeunerkind, hat den Verdacht bestätigt, und der lügt nie!
Der wartet abends immer auf sein Fohlen, wenn es mit der Herde zurückkommt. Der kümmert sich!
Dem letzten Dorfschreiber lieh sie ihre Stiefel, als er den Hirten auf die Weiden begleitete. Man kann sich über die rechten

Ansichten der Anna aufregen. Aber sie ist die einzige, die sich um die Zigeuner kümmert, die ihre Namen kennt, sie anspricht, ausschimpft und meinetwegen erzieht. Jedenfalls genießt sie großen Respekt bei ihnen.
Große Hitze weiterhin. Wir gehen schwimmen im Steinbruchsee. Ein Schwimmer spricht mich an, als er hört, dass ich aus Deutschland komme: „Das nächste Mal, wenn Sie hierher kommen, sprechen Sie Arabisch." Die Flüchtlingswelle geht weiter. Ungarn hat dicht gemacht, jetzt ist die Reihe an Kroatien. Den Bahnhof Budapest/Keleti habe ich diesmal vermieden, dort müssen chaotische Zustände herrschen.
Ein Geschenk von Frieder macht mich glücklich, die volkskundlichen Schriften von Josef Haltrich, dem Märchensammler. Ihm bin ich diesmal auf der Spur.
Am See ärgerten mich die leeren Plastikflaschen, die auf den Felsen herumlagen. Später kamen kleine Jungs und machten sich Schwimmgürtel daraus. Die Gesteinsschichten am See, die man beim Schwimmen mit den Augen auf- und abfährt. Frösche, die quaken.

Aus dem Leben der Vorzeit. Den närrischen Poeten ließen sie laufen, er spielte verrückt, als sie ihn zu sich einluden. Der Historiker, der tagsüber Parteiphrasen drosch, sich abends vollsoff und dann die tollsten und wahrhaftigsten Reden hielt. Einmal wollte die Partei, dass er Dokumente herausbrächte über das gute Zusammenwirken von Deutschen und Rumänien, das gerade angesagt war. Er schlägt die Geschichte von Mihai dem Tapferen vor, der in Rumänien hoch verehrt wird als Vereiniger des Vaterlandes. In Wirklichkeit war er ein Marodeur. Er brauchte einen Schreiber und man empfahl ihm den Sachsen Schunkoschenko. Der brachte ihm tatsächlich das Schreiben bei, doch machte er sich hernach mit der Kasse aus dem Staub. Er wurde eingefangen und enthauptet. Keine gute Geschichte, nein, Herr Historiker, sagte man ihm, diesen

Schunkoschenko können wir nicht als Beispiel für gute Zusammenarbeit bringen!
Bekannt ist ja, dass Ceauşescu Wert auf die nationale Identität der Rumänen legte – sie waren nicht etwa mindere Römer, sondern eigentlich echte Dakier. Und sie waren da, bevor die Römer kamen. Sie waren die Ersten, so wie Er der Erste war. Also befahl man, dass dakische Objekte in genügender Dichte gefunden werden sollten. Auch den Historiker erreicht dieser Ruf nach einer besseren Vergangenheit. Mit seinen Studenten grub er dort, wo am Abend zuvor Scherben versenkt worden waren. Der Historiker wusste es und ließ trotzdem graben. Am Abend, als er genug Alkohol getankt hatte, pflegte er zu sagen: „Der wahre Feind Rumäniens ist die Haarspange.“ Die Haarspange ist das Kennzeichen der Hunnen.
Frieder, Zigeuner und Erzähler vor dem Herrn, erzählt endlose Geschichten vor und nach. Auch die Erzählung von Caragiale, „Die Osterkerze.“ Die hat er mit André Heller in der Hauptrolle verfilmt, auch Gudrun Landgrebe war dabei. Empfiehlt mir Andreas Birkners *Tatarenpredigt*, den Roman eines Siebenbürger Sachsen über einen toten Tataren in Siebenbürgen, den keine Religion beerdigen wollte.

Zum Sachsentag nach Mediasch. Das große Treffen der Sachsen, die meisten von ihnen Ausgewanderte, aus Deutschland Kommende. So streunen Trachten, Hüte und Hosenträger herum. Kaum einer unter 60. Doch aus der Kirche kommen plötzlich junge sächsisch Gekleidete, Paar für Paar, und bald werden sie auf dem Marktplatz tanzen. Hört man näher hin, so stellt man fest: diese jungen Sachsen sind sämtlich Rumänen. An langen Tischen wird gegessen und sächsische Erinnerungen fliegen durch den Raum. Zu grauslicher Blasmusik tanzen die Rumänen. Ich schau mich im Städtchen um, derweil steht Frieder vor der Parkbank und da spricht ihn ein Herr an, der von einer jungen Frau begleitet wird.

- Sind Sie nicht der Herr Schuller? fragt er.
- Ja, da haben Sie recht.
- Herr Schuller, was machen Sie hier?
- Ich warte auf den Dorfschreiber von Katzendorf.
- Das ist doch dieser, dieser …
Ja, springt die junge Frau ein, bei dem habe ich studiert! Geht er immer noch in hochgekrempelten Hosen herum?
- Ja, in der Tat. Warten Sie fünf Minuten, dann werden sie seine hochgekrempelten Hosen hier um die Ecke kommen sehen.
Leider hat sie diese fünf Minuten nicht; die Hosen werden kommen und sie wird gegangen sein.

Wir fahren durch das Städtchen Târnăveni an der Kleinen Kokel. Hier war Frieder vor Jahren mit einem dänischen Komponisten abgestiegen, um die Spuren des ungarischen Komponisten György Ligeti zu suchen, der hier 1923 geboren wurde. Man fragte sich durch, doch niemand kannte ihn mehr. Sie wollten schon weiterfahren, da kam ein alter Mann auf sie zu – er sei der letzte Jude von Târnăveni. Auch Ligeti war Jude und so freute er sich, über ihn reden zu können. Die Ligetis waren arm und die Eltern des Alten hatten ihnen ein Klavier für den Sohn geliehen, denn er hatte ein großes musikalisches Talent.
In Mediasch in das Wohnhaus von Hermann Oberth, das als Museum eingerichtet ist. Nachbar möchte ich nicht sein, denn ich hätte immer eine Rakete vor der Nase. Am Eingang dünne blaue Metallstäbe, dazu die Büste des Meisters, der schon als Schüler den Weg zum Mond errechnet und Jules Verne korrigiert hat. Später diente er den Nazis beim Bau der V2 und noch später wurde er als Lehrer Wernher von Brauns Vater der Mondrakete. Im Interieur hallt ein spießig-sozialistisches Rumänien nach. Der Farbton ist wie in allen diesen Enklaven enttäuschter gesellschaftlicher Erneuerung braun, ein irdisch herabgesickertes Ideal, ein heruntergekommenes Rot eben. Der

Farbwechsel bezeichnet jenen Stimmungsumschwung, der aufkommt, wenn man von der Theorie in die Praxis geht. Aber der Mann, der durch das Haus führt, ist voller Hingabe; wenn er über das Leben Oberths und seine Nachwirkung für die rumänische Raumfahrt redet, steht ihm der Schaum der Begeisterung vor dem Mund. Da stehen Kosmonautenanzüge in Vitrinen oder galaktisches Gepäck. Auch die ersten Mehrstufenraketen der Welt, die Conrad Haas in Hermannstadt im 17. Jahrhundert entwickelte, sind zu besichtigen. Sie ähneln Feuerwerkskörpern. Die Tafeln zu Oberth sind von Sachsen gespendet worden und auf jeder einzelnen steht immer wieder derselbe Satz Oberths, dass er „vor allem ein guter Siebenbürger Sachse sein wollte." Nach der dritten Tafel wird es überflüssig, nach der siebten penetrant national. F., der ihn besucht hat, fragte Oberth einmal, warum er als Jugendlicher immer längere Tafeln für seine Formeln benutzte, die sein Vater ihm besorgte, und nicht einen Rechenschieber. „Ach," sagte Oberth, „wissen Sie, das Nachdenken braucht auch Zeit!" Ein sehr guter Spruch gegen die Beschleuniger aller Zeiten.
Am Ende seines Lebens interessierten ihn die Raketen nicht mehr. „Ach, jugendliche Sünden …" sagte er abwertend. Wichtiger wurde ihm die Parapsychologie, die Erforschung des Lebens nach dem Tod. „Natürlich geht es weiter. Man pätscht nicht einfach die Tür zu und Schluss, sondern man geht durch weitere Gänge und Türen …"
Er war oft auf der Liste der Nominationen für den Nobelpreis, doch er bekam ihn nie – weil seine Erfindung waffentechnisch verwertbar war, und das verbot die Satzung.

Fahrt nach Moldawien
Wir fuhren mit F.s berühmtem Mercedes, der seine 30 Jahre weghatte und vorne statt eines Sterns einen hölzernen Zweig in der Form eines Y trug: Wünschel*route*.

Wir fahren über Odorhei, das im ungarischen Szekler-Gebiet liegt – es macht einen adretten, deutschen, etwas spießigen Eindruck. Hier soll sich Orban auf rumänischem Boden eine Villa gebaut haben. Das Café hat berühmte Kuchensorten. Langsam geht es höher hinauf nach Georgheni, einer kleineren Version von Odorhei. Die Ungarn lieben baumgesäumte Straßen, die Rumänen, als Hirten, lassen sie eher verkümmern. Lacul Roşu, die Hohe Klamm, wuchtige Felsschluchten ohne jede Sicherheitsmaßnahmen. Da kann jederzeit etwas herabkugeln. Piatra Neamţ (Kreuzburg an der Bistritz), eine Stadt, die viele Hand- und Fußballspieler hervorgebracht hat. Hier öffnet sich die staubige, industriebesetzte Ebene auf Roman hin. Dort liegen Târgu Frumos (Schöner Markt) und schließlich Iaşi. In Roman kommen wir an dem Haus eines großen Dirigenten vorbei: Sergiu Celibidache, der mit den Münchner Philharmonikern berühmt wurde.
In Iaşi sagt Rodica: „Auch ich stamme aus Roman". Hätte sie einen unbestimmten Artikel vor den Ortsnamen gesetzt, wäre das der Beginn einer Reise gewesen. Sie erzählt von der Frau, die beim Walzertanz mit einem Kollegen, einem Bekannten von mir – starb. Mitten in der Umdrehung sank sie hin. Von der Bettlerschule weiß sie zu berichten. Einmal hat sie beobachtet, wie die Kinder dort militärisch für ihren Beruf gedrillt wurden, morgens früh, in der Nähe des Krankenhauses. Sie mussten Bettelposen annehmen, und wenn die nicht saßen, gab es Schläge von der dicken Lehrerin. „Lauter weinen!" rief sie, „Armseliger gucken!" Ohne Disziplin kein Geschäft.

Einmal hatte der Mann eine schwere Augenoperation über sich ergehen lassen. Er sagte sich, wenn ich wieder sehen kann, will ich mich mit dem beschäftigen, was mir als erstes in die Augen fällt. Es war ein Gedichtband des rumänischen Nationaldichters Eminescu. So fing er an, alle dessen Werke zu sammeln. Einmal vom Sammelfieber ergriffen, fügte er dieser

Kollektion weitere hinzu – alle Werke über Napoleon, Jules Verne und andere. Eines Tages kam daher der Urgroßenkel von Jules Verne vorbei. Er hat nun 70.000 Bücher, zwei Inkunabeln, 5.000 signierte Ausgaben. So wurde er Antiquar. Mehr als alle Bücher ist ihm aber seine Tochter wert – „ein Genie, sie spricht Japanisch, Griechisch, Hebräisch, Sanskrit – Deutsch, Englisch, Französisch, Spanisch sowieso!". Sie hat in Japan für die Familie des Tenno gedolmetscht und schließlich ihren Japanisch-Professor geheiratet. Er hat in seinem Laden auch ein Taschentheater, wo oft gespielt wird. Es hat die Größe eines Tisches. „Rhonda", ruft er, und der Hund folgt. „Eine Schauspielerin!"

Wir klopfen an eine Bürotür. Der Dekan ist da und sagt, er fahre gleich nach Leipzig. Immer wenn wir jetzt irgendwo klopfen, springt einer heraus und sagt, er fahre gleich nach Leipzig. Eine Büste von Shakespeare: überlebensgroß, langgezogenes Gesicht, traurig zur Seite geneigt. Er ist zu einem rumänischen Dichter geworden, ein Seelenmensch aus dem Karpatenbogen. Die Bildhauerin hatte zum Zeitpunkt der Erschaffung dieser Büste ihren Mann verloren. Er war damals 25 Jahre alt. Es war zudem ihre Freundin, die bei dem Walzer starb.

Das Hotel Unirea steht mitten im Zentrum, nicht weit vom Hotel Traian, das von Gustave Eiffel entworfen wurde. Wir sitzen zu viert an einem Tisch im 13. Stock, dem Restaurant. Auf dem Tisch stehen drei leere Wassergläser, eins fehlt, das meinige. F. redet über Heinrich Bölls Zeit bei Iaşi in Rumänien als Soldat im Zweiten Weltkrieg. Unsere rumänische Freundin wusste davon nichts, sie ist begeistert, so etwas über ihre Stadt zu erfahren. In diesem Moment hören wir alle neben dem Tisch, im Gang, wo die Kellnerinnen hin- und herlaufen, ein Geräusch. Etwa einen Meter von mir rechts muss etwas aus niedriger Höhe auf den Parkettboden gefallen sein. Wir schauen alle hinüber. Es steht ein leeres Wasserglas dort, es torkelt nicht

und macht nicht den Anschein, dass es gefallen ist. Wir sind alle verblüfft. Es stammt nicht vom Tisch, es ist nicht heruntergefallen, es gibt nichts in der Nähe, von woher es gekommen sein könnte. Es konnte auch vorher dort nicht gestanden haben, da die Kellnerinnen so oft vorbeigingen. Tagheller Okkultismus. Ich stelle das Glas auf den Tisch vor mir hin. Nun sind vier Gläser dort. An dem Tisch hatten zuvor übrigens zwei Roma-Paare gesessen, wohlhabende, die mit ihren Handys beschäftigt waren.
F. fragt einen Mann durch das Autofenster nach dem Weg. Der Mann ist vielleicht betrunken, verwechselt jedenfalls rechts und links, greift ins Auto und schüttelt uns die Hände: „Ich bin älter als ihr alle, ich habe alles vergessen. Gute Fahrt!“ Nun fahren wir zu den moldauischen Klöstern, wo Mönche in Souvenirshops unter Bergen von heiligen und profanen Dingen deutsch sprechen. Die bemalten Klosterwände, der Jüngste Tag als Fluss auf einer Fassade. Das berühmte Blau von, ja … Michelangelo wäre neidisch gewesen, heißt es. Karge Kälte des Herbstes. Fische am Wegrand gegrillt. Der gute Wein, der alles rettet. Die dichte Dunkelheit, die hellen leuchtenden Gärten am Tag: Echo und Vorform des Paradieses. Noch in den Winter hinein werden sie ihre Lichtbotschaften tragen. Wir schaukeln durch die rumänische Bukowina. Touristen fotografieren die Wünschelrute an unserem Mercedes und sind begeistert vom Einfallsreichtum der Rumänen (doch wäre ein Rumäne nie mit einer solchen Holzgabel auf dem Kühler herumgefahren). Die bukowinischen Kirchen tragen zarte Spitzen in die Höhe, die moldauischen dagegen Kuppeln. Bevor man aber zuviel hineindeutelt, tritt ein König ein und gibt die Meinung aus, Kuppeln seien zu königlich, daher müssten die Kirchen in der Bukowina sich auf Spitzen beschränken. Die schönen verzierten Häuser am Wegrand. Der Charme des verfallenen mondänen Kurbads Vatra Dornei. Einsame Straßen durch die Berge, manchmal überqueren Kühe

oder Hunde diese geronnenen Schleimspuren des Menschengeschlechts. Ein Hirt mit Schweineherde, eine Kuhhirtin, viele Schafhirten.

F. wartet, wenn wir in die Klöster gehen. Er sitzt auf einer Bank und man fragt ihn nach den Preisen für Teppiche, Pelzjacken, Stiefel, Hüte, Tischtücher, Schnitzereien. Er setzt sich, als ihm dies zuviel wird, ins Auto. Doch da kommen Touristen, um seinen Mercedes mit der Wünschelrute zu fotografieren. Sie denken, es wäre eine Wünschelrute, aber es könnte auch eine Fletsche sein, ein römisches Katapult.
Dann nähert sich ihm ein Zigeunerpaar und bettelt. Er gibt dem Mann, der gleich weitergeht, doch die Frau wird er nicht so schnell los. „Willst du nicht meine Schönheiten sehen, mein Freund?“ und sie beginnt sich leicht zu entblößen. Er muss sie verscheuchen.
Das Blau von? Es ist das Blau von Voroneț! Die stillen Nonnen umgarnen das Blau, das sich als Fluss aus dem Himmel ergießt. Aber sie sind nicht so fröhlich wie die Mönche zuvor im Kloster Râşca. Einer führt uns brav durch die Kirche, dann fragt er schüchtern, wie teuer denn in Deutschland ein Geländewagen sei, und entschuldigt sich noch im selben Atemzug für die Frage.
Im Hause des hoch angesehenen Schriftstellers Mihail Sadoveanu (1880-1961). Es ist ein Landhaus in einem schönen Winkel, neben einem Kloster. Der große Autor, der die rumänische Tradition des Romans und der Novelle mitbegründete, diente sich später dem kommunistischen Regime an und erhielt folgerichtig diese schöne Residenz. Der Zweck heiligt die Feder und dann heiligt die Feder den Zweck.
Auf der Tafel steht geschrieben: „Hier veredelte M. Sadoveanu den Ort am Sonnenuntergang seines Lebens und gab der Feder die Ehre.“ Bevor wir über dies als Kitsch herfallen, sollten wir uns klar machen, dass Kulturen die Sprache unterschiedlich gebrauchen.

Abends am Borgo-Pass, wo Jonathan Harker noch einmal durchatmete und ein Rezept für seine Mina aufschrieb. Bald geht unsere Reise zu Ende. Rezepte habe auch ich aufgeschrieben, nur wozu und für wen? Dramatischer Sonnenuntergang vor den bewaldeten Bergen, ein Fall des Vorhangs von großer Schönheit. Ein ausgestopfter Bär wartet im Hotel Transylvania. Die Nacht ist unruhig, denn die anonyme E-Mail arbeitet weiter, alles stellt sich auf den Kopf. Graf Dracula braucht keine Zähne mehr, sein Gebiss ist nun das Internet. Bram Stokers Büste prangt über den Abgründen vor dem Hotel.

Ein Komponist, ein Dichter, ein Anthroposoph. Und Haltrich. Wir fahren durch Sächsisch Regen, einer Kleinstadt bei Bistritz. Rudolf Wagner (1903-1969) wurde ein angesehener Komponist in der DDR und nannte sich ungarisierend Wagner-Régeny. Der Dichter aus Regen ist Georg Maurer (1907-1971), den die Leipziger zumindest kennen sollten, denn er hat nicht nur das Rosental besungen, sondern auch Herz und Hirn vieler junger Lyriker am Johannes R. Becher-Institut geformt. Ah, seine Witwe lebt noch, ich durfte sie besuchen! Und wir sprachen über Sächsisch Regen. Zwei, die es in der DDR zu etwas brachten. Der andere Regener brachte es in der Anthroposophie zu etwas: Friedrich Benesch. Er war Priester der Christengemeinschaft und dazu ein produktiver Autor und Vortragsreisender. Lange nach seinem Tod 1991 kam heraus, wie braun seine siebenbürgische Vergangenheit gewesen war. So braun, dass ihn die Evangelische Kirche schon 1936/37 aus dem Amt entheben wollte wegen seiner nationalsozialistischen Umtriebe.

Und da ist Haltrich, Josef, auf dessen Spuren diese Reise eigentlich auch geht. In Regen wurde er geboren. Wir dürfen sogar das Pfarrhaus betreten, der rumänische Pfarrer lässt uns gern in die Archivbücher sehen. Es ist ihm peinlich, dass er nichts von Haltrichs Herkunft aus Regen wusste. Haltrichs Vater war Rothgerber, wie mir ein Eingeweihter später mitteilte, denn die Biographen wissen nichts davon. Dass auch Siebenbürgen in die Wirren der 1848er-Revolution geriet, das ist uns auch unbekannt. Haltrich schlingerte dahinein, als er aus Leipzig von seinen Studien zurückkam. Und dann brannte auch das Elternhaus ab. Haltrich begann Märchen zu sammeln und vielleicht lag darin auch ein Festhalten an der Zeit, die so unweigerlich dahinschlitterte. Die Märchen verbanden ihn mit der erzählenden Mutter und anderen Frauen der Kindheit, denn Männer erzählten selten Märchen, sie waren ja die Helden oder Dummköpfe, von denen die Sagen sprechen. Vielleicht sind die Märchen auch Echos unserer Lebensphase als Embryo. Der Enkel Haltrichs schrieb in der Jubiläumsausgabe der Märchen 1956: „Es gibt in der siebenbürgisch-sächsischen Literatur kaum ein Buch, das sich nach 100 Jahren noch so lebendig im Volksbewusstsein erhalten hat wie diese Märchen.“ Der Enkel wohnte in Braunau am Inn und sehnte sich nach dem „Geruch des heimatlichen Bodens“, den man in diesen Geschichten atmen könne.

Ich bestieg den Bus in Târgu Mureş nach Sibiu. Ich trieb mich durch die Vorstadt, Billigläden, Pfennigfuchser, Plastikgeruch. Zigeuner auf Bänken. Die Globalisierung, bevor sie gefiltert in die wohlhabenden Gebiete strömt. Auch Sibiu feiert jetzt ein Oktoberfest. Die bayrische Kapelle wird empfangen wie die heimkehrenden Helden unter einem römischen Triumphbogen. Bayern leuchtet der Welt voran und Sibiu ist wieder Hermannstadt. Doch man spricht Rumänisch. Mit Kurtfelix abends schwadroniert bei Wein und Braten. Abrundung einer Reise durch Wolken, Klöster und Pfützen, Pilze und abgründige Botschaften, aber von Freunden getragen.

Rumänien 2016: Iaşi – Czernowitz – Sibiu/ Hermannstadt

Tegel. Es scheint ein Geisterzug zu sein, mit dem ich fuhr. Er war in keinem Plan verzeichnet, keiner konnte mir erklären, warum er fuhr. Aber er fuhr von Bitterfeld nach Berlin. Der Schaffner sagte: „Kurios!“ Die Ägyptologin tippt ernsthaft in ihr Notebook. Ringsum schläft alles.
Bukarest. Dieses Notizheft ist wie Lakritz, so weich, dass man es beißen möchte. Wir landen gerade, während ich Richard Wagner über die Habsburger Monarchie lese. Und Friedrich Torberg über Tante Jolesch, was manchmal auf dasselbe hinausläuft. Wenn man schon viele Bücher im Gepäck mit sich trägt, weiß man wenigstens nie, was man lesen wird. Es bleibt der Hauch eines Hauches.
Ein abwesender Mensch, spindeldürr, rührt in seinem Topf. Als er aufsteht, wird er zum Riesen, dann ist er wieder abwesend.
Heute, am 21.9. 2016 hätte H.G. Wells seinen 150. Geburtstag. Wie oft hat er versucht, diese Zeit vorauszusehen, ein Hellseher zu sein mit allen zur Verfügung stehenden technischen Mitteln. Ein bisschen ist es ihm gelungen, jedenfalls genug, um als Pessimist zu sterben. An diesem Tag ausgerechnet treffe ich zufällig den Chef des Verlages, der Wells im deutschsprachigen Raum von Anfang an verbreitet hat, der Zsolnay Verlag. Man muss nach Iaşi fahren, irgendwo im unbekannten Rumänien, um das hinzukriegen.
Ich rase zu Fuß durch die Stadt, die sich puzzleartig langsam wieder zusammensetzt. Seit meinem Besuch vor einem Jahr hatten sich viele Teile wieder verflüchtigt. Erinnerungen sind wie Gas so instabil. Nur einzelne Geruchsmoleküle bleiben haften. Abwesenheit wirft die Puzzleteile durcheinander. Abwesenheit erzeugt Flüchtigkeit. Die Realität ist ständig auf der Flucht vor uns, solch ein Feigling.

Aber auch unsere studentische Führerin, die uns zur Uni bringen soll, kennt die Wege nicht. Passanten empfehlen unisono die Tram, die wisse schon Bescheid. Verirrung ist unsere Heimat.
Hier und da die Bojen der Vergangenheit: Strada Ştefan cel Mare, zurecht geputzt mit sauberen Botschaftsgebäuden und behelmten Häusern, dann die Abzweigung links in die Altstadt, wo ich letztes Jahr Rodica zum Kaffee traf. Dann taucht Eiffels Hotel „Traian" auf, ein Kleinparis mit ziselierten Gusseisenbalustraden. Eiffel baute es 1882, sieben Jahre vor dem Turm, der ihn berühmt machte. Und auch die Freiheitsstatue hatte er noch nicht erschaffen. Er war noch auf der Suche nach einem Plan, und Rumänien sollte ihm dabei helfen. Gegenüber, am selben Platz, das Hotel „Unirea" mit seinen 14 Stockwerken, ein Relikt aus düsterer Betonzeit. Ich gehe hinauf in den 13. Stock, falls es ihn gibt, und werfe einen flüchtigen Blick auf die Stelle, wo sich letztes Jahr ein Glas aus heiterem oder unheiterem Himmel niederließ. Nichts ist ungewöhnlich außer dem Gewöhnlichen selbst. Allenfalls die misstrauischen Blicke der Kellnerinnen erinnern an das ungeschehene Geschehen.
Eine Österreicherin aus Bukarest erzählt, die Lebensqualität dort habe sich gebessert, seit die Straßenhunde vertrieben worden seien. Sie kennt eine alte Frau, die weinte, weil sie wegen der sie anbellenden Hunde auf der Straße nicht mehr weitergehen konnte. Sie selbst ist manchmal als Autofahrerin von einer Hundehorde so angefallen worden, dass sie nicht mehr weiterfahren konnte. Erst als ein kleines Kind zerfleischt wurde, habe man Schluss gemacht mit diesem Unwesen. Angefangen hatte es mit dem Füttern von Straßenhunden, mit denen man Mitleid hatte. Aber das Mitleid reichte nicht aus, die Verantwortung zu übernehmen. Keiner wollte sie bei sich aufnehmen oder einsperren. Es gab dann bald ganze Stadtteile, die von den Hunden beherrscht wurden. Vor einigen Parks lagen Hunde als Bodyguards für andere, mächtigere Hunde, die ihre menschlichen ‚Besitzer' ausführten.

Ein Film über Celans Eltern und ihre Deportation nach Transnistrien, wohin in Rumänien die Juden gebracht wurden, um sie auszuhungern und elendig zugrunde gehen zu lassen – eine andere Form des Holocaust. Der Bug wird zum Acheron, den man zum Hades hin überquert. Celan quälten Schuldgefühle, dass es ihm nicht gelang, sie da wieder herauszuholen, so wie es sein bester Schulfreund tat.

Aufgeschnappt:
Soma Morgenstern: „Der Tod ist ein Flop."
Liska: „Selbstbestimmung führt zu ähnlichen Problemen wie Fremdbestimmung." Oder vom Kolonialismus zum Nationalismus.
„Wenn ein Vortrag eine zeitliche Grenze überschreitet, wird er zum Bumerang für den Vortragenden." Einige Vorträge geben einen Vorgeschmack auf die Ewigkeit.
Einer redet über Gedichte und Körperteile bei Celan und wird dabei zu einem Wortmaschinengewehr.
Wo früher bei langweiligen Vorträgen geträumt, geschwätzt oder gedrudelt wurde, wird heute gesurft. Das Smartphone ist unser Erlöser geworden. Doch Langeweile ist etwas wie die notwendige Brache für die Felder. Wir werden überdüngt.

Eine Frau aus Bukarest berichtet über eine Episode ihrer Schulzeit. Man machte einen Schulausflug in eine Stadt, wo es kein Wasser gab. Die Kinder wurden immer durstiger. In einem Dorf machte man Halt an einem Brunnen. Die Bauern brachten Tassen und Gläser. Da stoppte die Lehrerin das Ganze und befahl: „Ab in den Bus mit euch! Das wäre ja noch schöner, dass die Leute merken, es gebe Defizite in unserer Gesellschaft!" Man fuhr weiter zum Geburtsort des berühmten Nationaldichters Eminescu. Kaum waren die Bustüren geöffnet, schwärmte die Schülerhorde aus zu den Bauernhöfen, um etwas zum Trinken und Essen zu bekommen.

Ich traf mich mit einer rumänischen Freundin in dem Zimmer, in der der melancholische Shakespeare sinnt. Wir sprachen über Pferde: die Notwendigkeit, über Pferde zu sprechen!

„Dein Humor um diese Uhrzeit ist mir suspekt!"

Vögel am Himmel, schwarz wie verbranntes Papier.

Fahrt nach Czernowitz
Rote Berge beginnen den Horizont abzusägen.
Wir hatten ein Erdbeben der Stärke 5,4 heute Nacht. Um zwei begann es zu ruckeln, und man konnte noch nicht zwischen Traum und Schlaf und Realem unterscheiden, dann kam ein Stoß, der keine Zweifel mehr duldete.
Gestern hatte ein Kollege noch über die Heilige Paracleva gelästert, sie sei ein Fake. Später fuhren wir an den modernsten Häusern Iaşis vorbei, ihre Plastikdächer schrien vor künstlichen Farben. Hier helfe nur noch ein Erdbeben, hatte er gesagt. Nachts kam das Erdbeben. Die ganze Nacht machte er sich Vorwürfe.
Um 10 überquerten wir die alte Grenze zwischen Habsburger Reich und Rumänien. Es gab dort zwei Bahnhöfe – einen österreichischen und einen rumänischen. Die EU lässt ein Kloster mit Café sanieren. Danach darf man dort nichts Hausgebackenes mehr verkaufen.
Nach sechs Stunden erreichten wir Czernowitz. Mondän im Sonnenlicht, die große, fast museale Universität. In einem Prachtzimmer, sagten die einen, hauste die Gestapo, die anderen sagen, es war der KGB. Nicht einmal auf ein Zimmer kann man sich einigen. Die Uni zog 1950 in die Residenz des griechisch-orthodoxen Metropoliten, einem Bau des tschechischen Architekten Josef Hlávka – ein bisschen Tausendundeine Nacht und baltische Backsteinkirche. Hlávka hatte einen großen Namen und hinterließ im ganzen k.u.k.-Reich seine Spur der Steine.

Celans Haus. Die Plakette für den, der eigentlich Paul Anczel hieß, hängt am falschen Gebäude. Hier ist die Wohnung, von der aus Celan mit seinem Freund Immanuel Weissglas nach Paris wandern wollte. Doch dann zog er allein davon, vermutlich, weil er sich nicht an seine deportierten Eltern erinnern wollte, an seine Schuld, wie er glaubte, dass er sie nicht zurückgeholt hatte – im Gegensatz zu seinem engsten Freund Weissglas. Er ging also allein nach Paris und wurde auch dort nicht glücklich. 1970 erschien verspätet ein Gedicht von Weissglas, aus dem einige Kritiker schlossen, Celan habe ihn in der „Todesfuge" plagiiert. Als das publik wurde, stürzte sich der Dichter in die Seine. Vor dem Theater in Czernowitz, wo lange das Denkmal für Schiller stand, sitzt nun eine ukrainische Nationalpoetin und Feministin, Olha Kobyljanska (1863-1942). Sie soll den Nietzsche'schen Übermenschen zur Frau gemacht haben.

Im Paul Celan Haus, wo ein Lesecafé von jungen Leuten betrieben wird. Dann schleiche ich ein wenig herum und stoße auf einer Brache zwischen alten Autos auf den Sockel eines Monuments, auf dem der Name „Friedrich Schiller" steht. Die anderen Inschriften sind sorgfältig herausgemeißelt. Zwei Männer beschäftigen sich mit einem Schrottauto und beäugen mich, wie ich so um den Sockel schreite, der einst vor dem Theater gestanden hatte. Einer preist die alte Kiste an, „Sehr gut Auto!" Ich auf Russisch: „Wieviel kostet es denn?" Da schaut er etwas verlegen weg, aber einen Preis nennt er trotzdem.

Im Restaurant habe ich die Kellnerin auf Russisch gelobt, auch das kam nicht gut an, sie korrigierte mich recht säuerlich. Ein Deutscher, der hier als Freiwilliger arbeitet für mehr Demokratie. Es gefällt ihm gut. Vom Krieg im Osten spüre man hier wenig.

Eine Frau aus Lemberg weist mich daraufhin, dass Gogol in erster Linie Ukrainer und nicht Russe war. „Meine *Ukrainischen*

Nächte, das versteht ihr nicht!" habe schon Gogol selbst an Puschkin geschrieben. Gogol habe sich aufgerieben zwischen seinem christlichen Fühlen und seiner Kreativität und Originalität.
Abends noch im Villenviertel von Czernowitz. Hier stand einst die Villa der wohlhabenden Rezzoris, der Familie von Gregor von Rezzori, einem vielgeliebten Autor. Als Gregor aus dem Exil in Amerika einmal nach Hause kam, es muss in den 1980ern gewesen sein, brachte er ein Fernsehteam mit. Vergebens suchte man nach der Villa, sie war eingeebnet worden, und zwar als einzige in der Straße. Man hatte ein Mietshaus an ihre Stelle gesetzt. Da kamen Gregor von Rezzori die Tränen und er entschuldigte sich bei dem Team. „Jetzt hab ich Ihnen die ganze Zeit von diesem Haus erzählt, und Sie denken, das stimmt ja alles gar nicht – aber wissen Sie, es ist nicht die Frage *ob* ein Schriftsteller lügt, sondern nur, *wie* er lügt."
Im Zentrum sahen wir eine russische Touristengruppe. Sie wurde von zwei ukrainischen Soldaten begleitet – beschützt oder bewacht? Aber entspannt waren alle.
Meine gute Seele diesmal heißt Adina-Lucia. Man hat sie mir zur Seite gestellt. Heute morgen holte sie mich ab, fuhr mit mir mit dem Taxi zum Bahnhof, wollte es unbedingt bezahlen, und gab mir ein Essenspaket mit, das mich durch ganz Rumänien hätte bringen können. Dann suchte sie in der Bahn meinen Platz, den sie tags zuvor unter großen Mühen für mich reserviert hatte. Sie sah, dass zwei Roma im Abteil saßen, und schob mich in ein anderes, denn nein, mit Roma sollte ich nicht reisen. Die könnten mich hypnotisieren und berauben, meinte sie. Zum Schluss bestätigte sie noch telefonisch meinen Bus von Cluj nach Sibiu.
Die 1. Klasse ist ein wenig heruntergekommen, Hitze strömt aus der Heizung, die Menschen in der 1. Klasse sind keine Betuchten wie bei uns.
10:57 Abfahrt Iași

11:40 Târgu Frumos
13:00 Burdujeni/Suceava
14:20 Vama
14:35 Câmpilung Est, noch immer in den grünen Bergen
15:40 immer noch im Gebirge mit Heuschobern und Hütten
15:50 Vatra Dornei, immer noch Berge
16:00 es wird flacher
17:05 wieder Berge
17:25 Ilva Mica. Die alte Dame schaut jetzt sehr zufrieden auf die Felder und Häuser, die Schober und die Tiere. Es scheint ihr gelungen, das Jahr, alles ist gut aufgestellt für den Winter. Derweilen hantiert die Geschäftsfrau seit Stunden missmutig mit ihrem Handy und Notbuch, wobei sie gelegentlich die Füße über den Koffer legt. Und natürlich sind die Leute hier glücklicher, vor allem die Jüngeren, wenn sie aussteigen und über den Schotter und die Gleisbetten gehen, statt durch stinkende Tunnel und über schmierige Treppen wie in Deutschland. Vergleicht mal die Gesichter von Aussteigenden in beiden Ländern!
Wir sind jetzt in der Hügellandschaft von 7-Bürgen! Ich lese Mihail Sebastian, *Der Unfall* und was eine holländische Philosophin über Indien schreibt. Nach acht Stunden ist man zermatscht, aber die Blicke auf die leuchtend-schattige Abendlandschaft lohnen sich. Denn der Himmel ist gnädig heute. Manchmal schrillt die Pfeife, dann ist die über das Land gespannte, gewebte Ruhe dahin.
18:35 Beclean pe Someş. Eine Stadt, die „Sei sauber!“ heißt. Die Alte, je abendlicher es wird, desto zufriedener schaut sie aus. Das Glück ist vollkommen, wenn der Tag genau ihr Alter erreicht hat. Das Glück hat seine Stunde.
Ich sitze am Busbahnhof BETA in Cluj auf dem Weg nach Sibiu. Die Kellnerin reicht mir süß einen Capuccino, die Sonne scheint, die Busse warten grollend. Ein Autofahrer liest Korrektur, während er an der roten Ampel wartet.

Mediasch, Busbhf 23.9.15

In Hermannstadt/Sibiu Lesung aus meinem Dorfschreiberbuch im Teutsch-Haus. Die Kinderbuchautorin, in Katzendorf gebürtig; ihr Vater war Pfarrer dort, der Nachfolger des Pfarrer Schuller. Und ich durfte in genau diesem Pfarrhaus wohnen. Der Pfarrer Roth hatte ein Buch geschrieben: *Vom Kutscherbock zur Kanzel.* Die 1950er waren eine besonders schwere Zeit für die Sachsen in Siebenbürgen, sagte Eginald Schlattner einen Tag darauf. Joachim Wittstock schenkte mir ein Reisebuch, in dem das Monster Grendel aus dem angelsächsischen *Beowulf* auftaucht – in Siebenbürgen! Die alten Sachsen haben möglicherweise uralte Stoffe mitgenommen auf ihrer Wanderung nach Südosten im Mittelalter. Eine Japanerin, die sich mit der Literatur der Bukowina beschäftigt, ein Lehrer vom Brukenthal-Gymnasium, und natürlich der gute Geist Kurtfelix.
Heute morgen rief der Sohn des Pfarrers Schuller aus Berlin an, er wollte alles genau wissen. Mit Kurtfelix zu seinem Bruder Eginald Schlattner. Wir fahren nach Rothberg, zu der Gemeinde, die nur noch ein Mitglied hat, nämlich den Pfarrer. Und dieser Pfarrer hat die großartige Romantrilogie über Siebenbürgen geschrieben, die mit *Der geköpfte Hahn* beginnt. Ein poetisch-historisches Feuerwerk in vielen Farben, auch dem Braun, das sich allmählich in den 1930ern auf Siebenbürgen senkt. Manchmal kommen Busse mit Literaturliebhabern und lassen sich die Kirche zeigen. Hernach wird signiert. Bereits sprechend erscheint der Hausherr auf der Veranda, unter der die Wildnis wuchert und die Kätzchen huschen. Langsam nähert sich das Gespräch seiner Verletztheit. „Ich hätte von Ihnen, gerade von Ihnen erwartet, dass Sie sich eingehender mit meinem Fall beschäftigt hätten und nicht auf Vorverurteilungen hereinfallen. Hass ist ein Mangel an Phantasie." Ja, ich gestehe, ich habe mich nicht eingehend mit seinem Fall beschäftigt. Glücklicherweise gibt es Abhilfe: eine ausführliche Dissertation von der Germanistin Michaela Nowotnick. Wer sich mit dem „Fall Schlattner" beschäftigen will, sollte dringend diese Studie lesen.

Mit Kurtfelix in seiner schattigen Lieblingsgartenkneipe in Sibiu. Cevapcici und Mici gespeist, dann zu Fuß durch die halbe Stadt und ein längeres Gespräch mit der Japanerin, die neulich auch bei Schlattner war.
Der kleine Bettler wird böse, während ich lese, und schlägt mein Buch. Bücher blockieren die freigebige Seele, da hat er recht. Man schenkt mir ein Buch über Gregor von Rezzori. Es ist ein Geschenk, das weitergereicht wurde. Der erste, der es verschenkte, sagte: „Das Weiterschenken baut dir eine Treppe zum Himmel." Ist es nicht so mit den Erinnerungen?

Sibiu
28 9
2018

Das Siebenbürgen der anderen

Rumänische Phantastik – oder wie ich Mircea Eliade wiederentdeckte

Vor einiger Zeit lief uns ein löwenfarbiger Kater zu. Morgens steht er aufgereckt an der Terrassentür und verlangt nach Milch, lungert manchmal auf einem Stuhl herum, aber ansonsten durchstreift er die Wildnis bürgerlicher Wohnstätten. Inzwischen hört er auf den Namen Mircea – so haben wir ihn getauft –, da seine früheren Besitzer Rumänen waren. Ich dachte mir, es ist ein guter Name für eine Katze, die zwischen den Häusern lebt, insbesondere weil Mircea der erste Name ist, den ich mit Rumänien verband. In meiner Jugend las ich viele Bücher von Mircea Eliade, der 1907 in Bukarest geboren wurde und 1986 in Chicago starb. Ich las sie, da ich Romanistik studierte, auf Französisch und sie gaben mir eine gute Grundlage für die Sprache, zumal sie nicht idiomatisch erschwert waren. Eliade hatte sie auf Französisch geschrieben, wie er überhaupt ein Sprachengenie war (Sanskrit, Bengali, Griechisch und noch einige andere). Er lebte nach dem Krieg 15 Jahre in Paris, wo er seinen internationalen Ruf als Religions- und Mythenforscher etablierte, unterstützt von Georges Dumézil und anderen. Dort war er auch Teil der rumänischen Exilgemeinde, zu der etwa Emile Cioran oder Eugène Ionesco gehörten.

Die Bücher, die ich damals von ihm las, waren allesamt aus dem Bereich Religionsgeschichte, Philosophie und Religionsanthropologie. Es ging um den Unterschied zwischen sakral und profan, um den Symbolismus der Mitte, um die Ewige Wiederkehr, Mephisto und die Androgynität, die Riten der Vorzeit und die Wiedergeburt der Mythen in der Moderne. Seine Belesenheit war stupend, er schrieb über australische Aborigines ebenso wie über Balzac, über die afrikanischen Dogon wie über Alchemie. Mit C.G. Jung, mit dem er befreundet war und an dessen Eranos-Gesprächen[1] er regelmäßig teilnahm,

[1] Siehe die beiliegende Zeichnung von Hugo Kükelhaus, die er 1980 von

hatte er diesen Blick auf das Gesamte menschlicher Kulturen gemeinsam. Vor allem sah er die Verwandtschaft modernen Denkens und Handelns mit uralten Riten und Vorschriften, erkannte aber auch den verzweifelten Versuch der gegenwärtigen Welt, sich von den sakralen Mustern zu verabschieden. Ich begann daraufhin auch seine Tagebücher zu lesen, von denen er viele, neben weiteren autobiographischen Schriften, hinterlassen hat. Wenn man Tagebücher liest – bei Ernst Jünger ging es mir ähnlich –, bleibt wenig an konkreten Erinnerungen zurück. Es ist der Fluss des Lesens, der einen trägt und den man genießt, aber wer erinnert sich noch an die Formationen des Wassers nach einer Seefahrt? So auch bei Eliades Tagebüchern. Zurück bleiben nur gewisse Neigungen und Haltungen – etwa wie er immer wieder moderne Literatur von Balzac bis Joyce mit mythischen Strukturen verbindet und wie er sich

Mitgliedern des Eranos-Kreises im Tessin anfertigte. Wir danken der Tochter von Kükelhaus, Barbara Vogel-Kükelhaus, für die freundliche Abdruckgenehmigung und dem Vorsitzenden der Hugo-Kükelhaus-Gesellschaft Soest, Jürgen Münch, für die Entdeckung dieser Zeichnung.

unermüdlich fortbildet in Sprachen, wie er Bücher über Yoga oder Schamanismus schreibt und andere große Werke kritisch rezipiert. Zwischendurch glühen Erkenntnisse auf zwischen all den Namen und Reisen.
In Chicago, ab Ende der fünfziger Jahre, wurde Eliade zum Doyen der Religionsgeschichte, nun umspannte sein Ruhm alle Weltteile, Schüler kamen aus allen Himmelsrichtungen. Eine Geschichte der religiösen Strömungen der Menschheit wurde zusammengestellt, die von der Steinzeit bis in die Gegenwart reicht. Da er 1986 starb, erlebte er nicht mehr die politische Wende in Ost-, Mittel- und Südosteuropa, bis zum Schluss blieb er der Rumäne im Exil. Nachdem ich einen guten Teil seiner gelehrten Arbeiten gelesen hatte, vergaß ich ihn, wenn auch seine Ideen unter anderen Formen weiterlebten. Vielleicht ging es der Öffentlichkeit nicht anders. Man hörte nicht mehr viel von Mircea Eliade nach 1990. Was man hörte, waren allenfalls Gerüchte über seine politische Vergangenheit, die nun nach und nach aufgearbeitet wurde. Damit rückte er in eine etwas unansehnliche Ecke und die gebildete Öffentlichkeit sah sich nicht mehr bemüßigt, sich mit seinem Werk zu beschäftigen. Die genauen Vorwürfe lauteten: Mircea Eliade stand in seinen jungen Jahren, vor allem nach 1937, den rumänischen Faschisten und Antisemiten der Eisernen Garde (Legion des Erzengels Michael) nahe, die sich durch brutalstes Vorgehen einen bösen Namen machten. Natürlich war er nur ihr geistiger Wegbereiter, kein Aktivist im körperlichen Sinne. Die Forschung hat seine frühen Artikel aus dem Dunkel gehoben und so besteht kein Zweifel mehr an dieser Rolle, die ihm unter anderen durch seinen philosophischen Lehrer Nae Ionescu zufiel. Trotz der jüdischen Freunde, die Eliade auch hatte – etwa den Schriftsteller Mihail Sebastian – blies er in das antisemitische Horn und diente sich der rechten Regierung an. 1938 ging der rumänische König gegen die Eiserne Garde vor. Eliade wurde verhaftet und verbrachte einige Zeit im Gefäng-

nis. Später wurde er als Kulturattaché und Diplomat für die hitlerfreundliche Regierung Rumäniens während des Zweiten Weltkriegs in Portugal tätig, wo er auch mit dem Diktator Salazar sympathisierte. Erst danach, in Paris, wandelte er sich zum liberalen und weltoffenen Religionswissenschaftler, als der er weithin bekannt wurde. Leider hat er es versäumt, in seinen späteren Jahren diese frühe Zeit moralisch zu reflektieren. Darin ging es ihm wie vielen anderen, von Martin Heidegger bis Günter Grass und Erwin Strittmatter. Von einem bestimmten Grad öffentlicher Anerkennung an fällt es dem Einzelnen schwer, ein Bekenntnis abzulegen. Dennoch ist die Verwicklung Eliades als erwachsener Intellektueller, der auch die Welt gesehen und vor allem lesend erkundet hatte, besonders schwerwiegend. Hätte ich in meinen Jugendjahren von diesen Verstrickungen gewusst, hätte ich womöglich sein Werk links, oder besser rechts liegen lassen.

Nun hörte ich erstmals bei den Inklings wieder von Eliade. Seine deutsche Übersetzerin Edith Silbermann, die ich leider nie kennenlernte, war mit der Inklings-Geschäftsführerin Irene Oberdörfer befreundet. Edith Silbermann kam aus Czernowitz in der Bukowina und hatte noch Paul Celan gekannt. Durch Irene vermittelt begann wieder ein leichtes Interesse an Eliade bei mir, und zwar an dem anderen, dem literarischen Eliade. Ich stellte fest, dass man in Deutschland besonders wenig über Eliade wusste, in Frankreich dagegen war er fast zu einem französischen Autor geworden – ähnlich wie sein Landsmann Emile Cioran, der heute gerade von Franzosen wegen seines perfekten Französisch bewundert wird. Frau Silbermann hatte aber vor allem die literarischen Werke von Eliade übersetzt, die ich bislang nur marginal wahrgenommen hatte. Die Literatur hat immerhin die Kraft, sich vom Politischen zu lösen, indem es dieses durchdringt – mit anderen als politischen Mitteln, nämlich den Mitteln der Phantasie, der Farben und der sprachlichen Kunst. Sie kann also eine Möglichkeit sein, sich mit einem Autor weiter zu beschäftigen, der dem Leser politisch oder moralisch kompromittiert erscheint, denn Literatur arbeitet auf einer anderen Ebene. Und so begann ich wieder, Eliade zu lesen, und zwar den literarischen.

Ich hatte etwas anderes erwartet. Eliade, hatte ich gedacht, gehört wahrscheinlich zu jenen poetae docti, gelehrten Dichtern, die ihre Phantasie hauptsächlich mit Bruchstücken ihrer Wissenschaft füttern wie einen Haushund. Ich erwartete so etwas wie Borges, bei dem die Gelehrtheit oft selbst die Feder führt und Labyrinthe wie Bibliotheken angelegt sind. Ja, auch das mag ich, doch ich verspüre ebenso den Drang zu lebensnaher Literatur, wie sie ein Hamsun oder D.H. Lawrence geschrieben haben. Oder vielleicht schrieb Eliade gar Campus-Romane?

So war meine erste Überraschung, dass Eliade sehr lebensprall erzählt, als hätte er nie eine Universität von innen gesehen. Stattdessen ein magisches Universum, in dem Erotik, Besessenheit, eine verschlingende Natur und rätselhafte Menschen anzutreffen sind. Sicherlich auch Gelehrtheit hin und wieder, ein verrückter Bibliothekar oder ein Tantra-Forscher, aber insgesamt doch Lebensgeschichten mit Hintergrund.

Womit begann ich? Es war eine Vampirgeschichte, *Fräulein Christina.* Sie wurde mir von meinem Siebenbürger Hausherrn und Freund Frieder Schuller empfohlen. Dazu ist zu sagen, dass ich von 2011-2012 eine Stelle innehatte, nämlich als Dorfschreiber von Transsilvanien. Ich wohnte in einem alten siebenbürgischen Pfarrhaus in der Nähe von Sighişoara/Schäßburg im rumänischen Karpatenbogen und las mich in die dortige Welt ein. Was konnte man nach Bram Stokers *Dracula* Besseres lesen als diesen Roman von Eliade? Und während ich vor dem Einschlafen über die blutrünstige Christina las, die vor langer Zeit so brutal mit ihren Bauern umgegangen war und die sich bis in die Gegenwart hinein als Phantom bemerkbar machte, begann ich die alten Gemäuer des Pfarrhauses knistern

zu hören, es raschelte, die Holztreppe knarrte, und von der alten Kirchenburg her, an die sich das Pfarrhaus lehnte, röchelte etwas. Und plötzlich wurden die Hunde wach und bellten wie die Teufel, mindestens eine Stunde lang. War es ein Wolf, der sich verirrt hatte, ein Bär? Ein fremder Hund? Mir standen die Haare zu Berge, als der Hof im Buch abbrannte und die Helden auf das Geheimnis in dem alten Keller stießen. Man merkte, dass Eliade in einer alten Tradition des Geschichtenerzählens und Erfindens stand, denn er wusste mitzureißen und mit magischen Fingern die Mauern der Rationalität zu durchdringen. Doch es gibt immer noch Markierungen des Realen: „Hätte es die Donau nicht gegeben, die Leute in dieser Gegend wären verrückt geworden," sagt eine Figur in dem Roman.
Frieder empfahl mir sodann die Erzählung „Bei den Zigeunerinnen" und hier tauchte ich in ein mysteriöses Bukarest ab, der Heimatstadt des Autors. Die Straßen der Vororte zogen sich in die Länge, je heißer die Tage wurden, und der Protagonist verbringt in einem dubiosen Ort bei den Zigeunerinnen zwar nur Stunden, die aber wie Tage, Jahre werden. Es ist die moderne Version dessen, der sich in der Welt der Elfen verliert und bei der Rückkehr feststellen muss, dass die reale Welt sich von ihm nicht nur zeitlich entfernt hat. Die Weltliteratur vom japanischen Urashima Taro bis hin zu Washington Irvings Rip van Winkle ist voll von diesen In-der-Zeit-Verirrten, und wahrscheinlich müssen wir eines Tages die Astronauten hinzunehmen.
In Eliades Geschichten irrlichtert es; ich fuhr von Katzendorf nach Bukarest, um mich diesem Irrlichtern weiter hingeben zu können, vor allem um auch das Milieu zu erkunden, in dem solches Flackern möglich war: die Boulevards des Wahns zu sehen, die magischen Friseurläden und die verzweifelten Denkmäler der Geschichte. Während eines Gewitters, das über der rumänischen Hauptstadt niederging und die Schlaglöcher der Straßen in kleine Seen verwandelte, unterhielt ich mich mit

einem Kollegen in den Fluren der Universität. Eliades Sätze, sagte er, seien oft so komplex, dass er sie für seine Studenten als Lehrsätze benutze, um Grammatik, Stil und Metaphorik zu erklären. Sie seien ideal dafür geeignet, und man wundere sich, dass Eliade noch so ein wunderbares Rumänisch schrieb, als er schon lange in Chicago lebte. Er habe sich im Übrigen immer mit Hilfe von Rachmaninoffs Zweiter Sinfonie in kreative Stimmung gebracht.

Nach dem Gewitter ging ich hinaus, und da waren sie nun, der melancholische Cişmigiu-Park oder das versteckte Gartenlokal in der Popa-Soare-Straße, in der die mythische Sängerin Leana in den zwanziger Jahren jeden Sommer auftrat, und vor allem die Mântuleasa-Straße, die sich wie eine goldene Schlange durch den gleichnamigen Roman zieht. 1955 hatte Eliade ihn begonnen, 1967 in Chicago abgeschlossen. Für mich bleibt *Auf der Mântuleasa-Straße* sein geheimnis- und erzählfreudigstes Werk. Vielleicht kommt er hier auch sich selbst und seiner politischen Jugend auf die Spur. Ein ehemaliger Schuldirektor wird vom (kommunistischen) Geheimdienst verhört, doch entzieht er sich seinen Verhörern durch Geschichtenerzählen. Immer weiter lockt er sie in seine Geschichten hinein von rätselhaften Menschen, von einem verschollenen Juden und einer Riesin, von Schätzen und einem sagenhaften Wasserloch, und da ist sie auch wieder, die legendäre Sängerin Leana aus der anderen Geschichte. Er lockt seine Hörer hinein wie sein Zauberer, der aus Streichhölzern eine Leiter baut und seine Zuschauer bittet, auf dieser hinaufzusteigen, bis sie in einem Kästchen verschwinden. Eine ganze Musikkapelle lässt er in seiner Kiste verschwinden, nur der Trommler will nicht mehr hinein.

„‚Warum gehst du nicht hinein? Ist denn kein Platz mehr drin?' ‚Doch,' erwiderte der Trommler, ‚Platz hätte ich schon, es ist ja niemand drin.'" Da bricht der Zauberer in Lachen aus. Die Geschichte führt uns auch, wie viele andere von Eliade, in die wilden Landschaften und riesigen Wälder Rumäniens. Hier toben sich erst recht die Geister aus. Eliade liebte bäuerliche Phantasie und Folklore, und das machte ihn zugleich anfällig für nationalistische Ideologie, die sich dieser Elemente gekonnt bediente. Die Verhöre, die der Alte über sich ergehen lassen muss, haben auch etwas von Reisen in das eigene Gewissen, das in Gestalt böser Kommunisten die Seele Eliades zerlegen will. Wie sein Schuldirektor, so entzieht sich auch Eliade seinen Verfolgern – den inneren wie den äußeren – durch das Erzählen von Geschichten, nicht unähnlich der Strategie Scheherazades in den Märchen von Tausendundeiner Nacht. Literatur kann Flucht sein, kann aber auch die Auseinandersetzung mit der eigenen Vergangenheit mit den Mitteln von Bildern und Klängen, Geschichten und Figuren bedeuten. Ich vermute, dass Eliade viele seiner unausgesprochenen Erinnerungen und Schuldgefühle in literarischen Formen abgearbeitet hat. Es geht dabei nicht nur um das Eingestehen von Schuld, sondern auch um deren Durchdringung: Woher kommt sie, was hat mich diese Entscheidung und nicht jene treffen lassen?[2] Sicherlich ist es auch kein Zufall, dass sich eine Reihe seiner Geschichten um Vergessen und Erinnerung drehen.

Als ich in Bukarest im März 2012 ankam, leuchteten mir von überall her Plakate zu mit dem Abbild des jungen Eliade und der Aufschrift: *Uraufführung Maitreya.* Das Theaterstück geht zurück auf den Roman *Das Mädchen Maitreyi,* den Eliade nach seinem Indienaufenthalt 1933 geschrieben hat. Es geht hierbei um die Liebe, die der aus dem Westen stammende Allan in Indien für die Tochter seines Hausherrn entwickelt – und das führt zu einem Streit, der mit dem Rauswurf und der Flucht

2 Ähnliches lässt sich bei dem Siebenbürger Autor Eginald Schlattner in seiner Romantrilogie finden. Schlattner war durch Gefängnis und Folter im stalinistischen Rumänien zum Verräter geworden. In seinen Romanen *Der geköpfte Hahn*, *Rote Handschuhe*, *Das Klavier im Nebel* (alle bei dtv) durchleben seine Figuren die Geschichte der Siebenbürger Sachsen von den 1930er bis in die 1960er Jahre. Schlattner wurde 1959 im Kronstädter Schriftstellerprozess verurteilt.

Allans endet. Allan ist an Eliade selbst entworfen, der als Sprach- und Religionsforscher in Indien lebte und Ähnliches erlebte. Es ist eine tragische Geschichte zwischen Ost und West, eine Kette von Missverständnissen und Hoffnungen, Projektionen und Enttäuschungen. Das Buch provozierte einen seltenen Fall der Literaturgeschichte. Es kommt nicht oft vor, dass sich Romanfiguren bei ihren Schöpfern melden, noch dazu in der Form eines Gegenromans. Genau das geschah, als die Bengalin Maitreyi Devi in ihrem Roman *Liebe stirbt nicht* (*It Does Not Die*, 1978) ihre Version des Geschehens mitteilte und Eliade dabei in wichtigen Dingen korrigierte. So erhalten wir nun die indische und weibliche Seite der Medaille – und das macht dieses „Romeo-Julia-Drama", wie der deutsche Verlag es damals bewarb, besonders reichhaltig. Der Indien-Aufenthalt brachte auch ein Tagebuch mit sich (im Herder Verlag erschienen) und förderte Eliades Studien ebenso wie seine literarische Arbeit. Die Novelle *Nächte in Serampore* führt in einen Dschungel, in dem die Maßstäbe von Raum und Zeit durcheinander gehen. Indien ist genauso halluzinatorisch begabt wie Bukarest und Rumänien. Die äußere Geographie spielt für Eliade jedoch nicht die entscheidende Rolle. Es ist vielmehr die Landschaft unseres Inneren, die immer wieder dafür sorgen wird, dass das neuzeitlich-rationale Weltbild nicht im Menschen aufgehen wird. In dieser Hinsicht bleibt Mircea Eliade den Inklings verwandt.[3]

[3] In seiner Jugend hat Eliade über Chesterton geschrieben. Der rumänisch-amerikanische Kritiker Virgil Nemoianu hat ihn explizit mit den Inklings verglichen, insbesondere mit Charles Williams. Vgl. „Das Aussprechen des Geheimnisses. Phantastische und politische Dimensionen der Romane von Charles Williams und Mircea Eliade". In Hans Peter Duerr, Hg. *Die Mitte der Welt. Aufsätze zu Mircea Eliade.* Frankfurt/M.: Suhrkamp 1984, 345-357.

Erwähnte Werke von Mircea Eliade:

Auf der Mântuleasa-Straße. Roman. Frankfurt/M.: Suhrkamp 1972.

Journal I 1945-1955. Chicago: Chicago University Press 1973.

No Souvenirs. Journal, 1957-1969. London: Routledge & Kegan Paul 1978.

Bei den Zigeunerinnen. Phantastische Geschichten. Frankfurt/M.: Suhrkamp 1978.

Fragments d'un journal II, 1970-1978. Paris: Gallimard 1981.

Nächte in Serampore. Novelle. Frankfurt/M.: Suhrkamp 1985.

Journal IV 1979-1985. Chicago: Chicago University Press 1990.

Fräulein Christine. Roman. Frankfurt/M.: Suhrkamp 1992.

Das Mädchen Maitreyi. Roman. Frankfurt/M.: Insel 1998.

Indisches Tagebuch. Freiburg/Basel: Herder 1998.

Über Mircea Eliade:

Devi, Maitreyi. *Liebe stirbt nicht.* Roman. Berlin: Rütten & Loening 1991.

Duerr, Hans Peter, Hg. *Die Mitte der Welt. Aufsätze zu Mircea Eliade.* Frankfurt/M.: Suhrkamp 1984.

Müller, Hannelore. *Der frühe Mircea Eliade. Sein rumänischer Hintergrund und die Anfänge seiner universalistischen Religionsphilosophie.* Münster: LIT 2004.

Reschika, Richard. *Mircea Eliade zur Einführung.* Hamburg: Junius 1997.

Turcanu, Florin. *Mircea Eliade. Der Philosoph des Heiligen oder Im Gefängnis der Geschichte.* Schnellroda: Antaios 2006.

Drei Schlösser: Eine literarische Reise zwischen Böhmen und Transsilvanien.

Das Schloss ist in der europäischen Kulturgeschichte ein besonderer Ort. Es verkörpert Macht, Schönheit, Verteidigungswillen, es ist für den von außen Schauenden ein Ensemble an prachtvollen Räumen, an herrschaftlicher Zurschaustellung, und neben der Kathedrale eine weitere Erinnerung an das Paradies. Es kann, wie bei *Parzival*, zum Raum der Initiation oder Prüfung werden. Der Bezug zum Magischen und Übernatürlichen ist daher von Anfang an gegeben. Allerdings ist das Schloss auch Ort von Intrige und Mord, etwa in *Macbeth* oder *Hamlet*, oder Bühne. Im 18. Jahrhundert wird nur noch für die Erinnerung gebaut, die paradiesische Pracht wird zurückprojiziert in ein imaginäres Mittelalter, ja, man baut gerne gleich die fertige Ruine, um dieses romantisch einzufangen, wie William Beckford oder Horace Walpole es taten. Aber was geschieht mit dem Schloss im 19. und 20. Jahrhundert? Dafür möchte ich mich auf eine literarische Spurensuche im südöstlichen Europa begeben.

Eigentlich handelt es sich bei zweien der zu besuchenden Schlösser um *Burgen*, denn sie haben einen Festungscharakter. Das dritte Schloss sicherlich ebenso, wenn auch in einem übertragenen Sinn.

Meine kleine Reise geht zu imaginären und teils realen Bauten, die nicht nur die Literatur des 20. Jahrhunderts geprägt haben, sondern auch eine Art inneren Kreis bilden. Dieser Kreis wird zusammengehalten von zwei Kräften. Die erste Kraft ist geographischer Natur. Die drei Schlösser (ich muss sie weiterhin so nennen, denn sie haben im Sinne eines Schlosses eben auch die Funktion des Repräsentierens) liegen in einer südöstlichen Richtung Europas, irgendwo auf dem Boden des alten k.u.k.-Reiches, heute würden wir sagen in Rumänien und Tschechien. Die Geographie und ihr politischer Rahmen ist

tatsächlich das alte Österreich-Ungarn und das ist nicht unwichtig für die Dinge, die in diesen Romanen geschehen. Die zweite Kraft entstammt der Imagination. Die drei Schlösser generieren ähnliche Bildwelten und Phantasmen, Abhängigkeiten, Besessenheiten und Traumata; sie sind Archive eines sich auflösenden Ichs. Die Bauten stellen Erregungszustände des Bewusstseins dar. Architektur ist nicht nur „erstarrte Musik“ (Schelling) oder, wie Goethe es sah, „verstummte Tonkunst“, sie ist auch verstummte Seele. Gérard de Nerval hat in seinen lyrischen Prosastücken *Petits châteaux de Bohème* das Imaginäre eingefangen, das sie prägt und sie nicht nur zu Schlössern der Bohème von Paris macht, sondern vielmehr zu Wegmarken der psychischen Entwicklung eines Dichters: „Château de cartes, château de Bohème, château en Espagne – telles sont les premières stations à parcourir pour tout poète.“ (Nerval 95) Es sind Luftschlösser allesamt. Der Film ist nach Nerval entstanden und auch in ihm findet die Seele sich wieder. Filme und Bücher sorgen dafür, dass die Kanäle der Imagination offengehalten werden, die sich an den südosteuropäischen Schlössern und Burgen inspiriert: Vampire im Kino oder germanistische Tagungen, die sich mit dem großen Modernisten aus Prag beschäftigen, Comics über Kafka, Dracula und das fin de siècle, Vertonungen und Fortschreibungen: Die Phantasie ist unermüdlich, der Dialog zwischen Germanisten und Vampiren ohne Ende.

Die drei zu besichtigenden Schlösser verdanken ihre Existenz berühmten Romanen: Jules Vernes *Le château des Carpathes* (1892), Bram Stokers *Dracula* (1897) und Franz Kafkas *Das Schloß* (geschrieben 1922).

Die Einladung, an einer Festschrift für meinem bohemistischen Kollegen Wolfgang Schwarz teilzunehmen, erreichte mich in Katzendorf/Cața in Siebenbürgen, wo ich derzeit, von 2011-12, das Amt eines Dorfschreibers innehabe. Ich schaute aus dem Zimmer eines alten Pfarrhauses auf den Schulhof, auf dem

Kinder spielten. Im Herbst war es sehr laut auf der Wiese, da sägte man Holz für den Winter, der sehr streng werden sollte. Es war jetzt November und als Lektüre hatte ich mir Kafkas *Schloß* mitgenommen. Kein Buch existiert für sich, wie der Mensch, so ist auch das Buch ein *zoon politikon*. Wenn wir von Kafkas *Das Schloß* reden, so tut sich ein Universum auf, in dem die Absurdität herrscht, die Erinnerungen an *Der Proceß* werden wach, denn *Das Schloß* führt die Themen daraus fort. Es führt den Helden in eine weiße und kalte Wüste, es lässt ihn satzweise umkommen. Wir denken an die Zeiten, die Kafka vorweggenommen hat, die er zum Glück nicht erleben musste, an seine Schwestern, die allesamt in den Gaskammern der Deutschen umgekommen sind. Wir denken an das Wörtchen „kafkaesk", mit dem wir etwas umschreiben wollen, was uns labyrinthisch und undurchdringlich, vor allem bürokratisch erscheint: die Herrschaft des Papiers über das Leben. Erst die Akte sagt, wer und was du bist. Damit treten auch Kafkas Vorgänger auf den Plan, denn der Prager Autor hat, nach einer Beobachtung von Jorge Luis Borges, durch seine Zuspitzung dieser Ängste und Bilder rückwirkend seine eigene Genealogie erschaffen, so wie die Existenz von Borges Kafka beeinflusste. Nun lesen wir Gogols *Der Mantel* oder Dickens' *Bleak House*, als seien sie von Kafka inspiriert, oder gar der *Don Quijote*, und erkennen die Umkehrbarkeit des Zeitpfeils – in der Erinnerung. Ich las also *Das Schloß* im Schatten der alten siebenbürgischen Kirchenburg, an die das Pfarrhaus gelehnt ist, eine Festung, in die man nur hineinkommt, wenn man jemanden im Dorf kennt, der den Schlüssel dazu hat. Sicherlich hängt er nicht mehr im Pfarrhaus, denn der Pfarrer, der einen guten Ruf im Dorf genoss, ist nach dem Krieg nach Deutschland gegangen, er sah keine Zukunft mehr im kommunistischen Rumänien. Im Sommer hat Frau M. den Schlüssel, sie ist in den Sommermonaten in Katzendorf, wohnt jedoch in Ingolstadt. Also, es ist nicht leicht, in diese Burg einzudringen, man muss die richtigen Leute kennen, man

muss sich durch viele Geschichten, die auch ablenken können, hindurchfressen. Kafkas Buch kreist um ein leeres Zentrum, aus dem immer wieder Boten oder Schatten von Boten hervortreten und zweifelhafte Nachrichten bringen. Vom Schloss erfahren wir wenig bis nichts, was zählt, ist das Leben im Dorf und die Art und Weise, wie man sich das Schloss vorstellt. Es gibt Mittlerfiguren, die wie Heilige oder geheime Wissensträger die Wege nach oben herzustellen scheinen, doch sind sie nichts als Puppen höherer Mächte. Es ist eine Welt, in der der Modus des Gerüchtes, der Konjunktiv, herrscht. Buchstaben spielen ihre Rollen, aber sie wissen nicht, zu welchen Wörtern oder gar Sätzen sie gehören. Da ist der Protagonist K. – eine Reduktion des Josef K., jenes Verurteilten aus dem Roman *Der Proceß*, den Kafka acht Jahre zuvor geschrieben hatte. Es ist nicht wichtig zu wissen, wo das Schloss Kafkas gestanden hat; denn wir sollten uns dessen bewusst bleiben, dass es sich bei dem Gebäude wie bei den Figuren um eine Fermentierung von inneren Bildern handelt, die zu Fiktionen werden. Vermutlich hat Kafka aus den Fragmenten seiner Erinnerung und seines damaligen Aufenthalts verschiedene Schlossformen zusammengefügt. Dies ist schon deshalb anzunehmen, weil sich Kafkas Schreiben verändernd auf seine Gegenstände auswirkt, oder, plumper gesagt, die Texte sind nicht immer kohärent. Mal hat eine Frau blaue Augen, mal braune, mal ist ein Haus drei Stockwerke, dann fünfzehn hoch. So auch das Schloss und das Dorf; wie die Bewohner, insbesondere der Protagonist K., befinden sie sich in einem Prozess dauernder Veränderung.
Dennoch ist es gut zu wissen, dass Kafka, als er am 27. Januar das Hotel „Krone" betrat, etwas erstaunt, vielleicht auch verstimmt war, auf einer Tafel im Foyer den Namen „Dr. Josef Kafka" zu sehen (Stach 459). Kafka verbrachte wegen seiner Lungenkrankheit vom 27. Januar bis zum 17. Februar 1922 im Luftkurort Spindlermühle im Riesengebirge (Špindlerův Mlýn)

einen Kuraufenthalt. Zur Therapie gehörte für ihn auch das Schreiben, denn er hatte sich einen Stoß Papier mitgebracht, auf dem er seinen dritten Roman schreiben wollte, der provisorisch „Das Schloss“ heißen sollte. Ausgangspunkt ist dieser: Ein Mann erhält einen Ruf in ein Dorf, in dem er als Landvermesser arbeiten soll. Doch dazu wird es nicht kommen. Der Roman beschreibt die Hindernisse, die sich ihm in den Weg stellen, die eigenen Fehlbarkeiten wie die der anderen Menschen. Die Fragen türmen sich auf wie ein Turm zu Babel: Ist er überhaupt gerufen worden, will man ihn nicht, ist er aufgrund eines Fehlers eingeladen worden, an den sich niemand mehr erinnert? Mehr und mehr richtet sich die Frage nach innen, auf ihn selbst: Ist er überhaupt ein Landvermesser? Oder nur ein Hochstapler? Er ist nur K., ein Buchstabe der gerne für Kafka genommen wird, aber K. ist genauso wenig und genauso viel Kafka wie das Schloss in Spindlermühle steht. Roberto Calasso hat sich diesem Buchstaben gewidmet und ein ganzes Buch mit *K.* betitelt. Kafka mochte aber gar nicht den Schnörkel, den er mit dem K verband, und, so schreibt Calasso

> [i]ndem er den Namen K. wählte, verpflichtete sich Kafka, Hunderte von Malen vor den eigenen Augen einen Schriftzug auszuführen, der ihn irritierte und in dem er etwas sah, was zu ihm gehörte. Hätte er das Schloss in der ersten Person erzählt, wie er es zunächst versucht hatte, dann hätte sich die Geschichte weniger tief in seine Physiologie eingesenkt, in Zonen, die der Herrschaft des Willens entzogen sind. (Calasso 26f.)[1]

1 Der Buchstabe K hat inzwischen einen Roman provoziert, allerdings nur in deutscher Übersetzung. Tom McCarthys *K* hat im Englischen den Titel *C* (2011) und lässt anhand dieses wie K klingenden Buchstabens eine Handlung entrollen, die durch die Wirren des 20. Jahrhunderts führt. Nichts ist süßer als der Klang des eigenen Namens, hat einst Dale Carnegie gesagt, ein Linguist könnte es nicht besser ausdrücken (Koydl 11). Auch Calasso

Das ist eine präzise Umschreibung dessen, was wir auch das Schloss nennen, denn wie das Ich im Schnörkel, so ist auch das Schloss eine Zone, „die der Herrschaft des Willens entzogen" ist. Die wichtigste Figur im Roman neben K. ist sein Gegenspieler aus dem Schloss, der Beamte Klamm, der sich wiederum an Kafkas eigenem Namen wie an dem seines Antagonisten bedient. Doch ist er nicht die letzte Figur hinter der Schattenreihe von Menschen, die immer wieder Leitern in das Schloss bilden. Ganz versunken in der Tiefe des Schlosses ist ein Mensch – ist es denn ein Mensch? –, der nur einmal erwähnt wird: der Graf Westwest.[2] Der Landvermesser, schreibt der Biograph Reiner Stach, wird „seinem Schöpfer", gemeint ist Kafka, immer ähnlicher (463), aber er wird auch Klamm immer ähnlicher, der gleichsam sein Alter Ego wird, und auf Klamm wiederum fällt der Schatten des unbekannten Grafen Westwest. Es ist der „saturnische Herrscher" (Calasso 34) im Innersten des Selbst. Er hat, wie Calasso bemerkt, die größte Ähnlichkeit mit einer Figur, die Kafka in einem Fragment beschrieb: ein Mensch, mit dem Kopf in den Händen, am Schreibtisch (ebd.). Die fernste Wahrheit ist zugleich die nächste: das Schreiben ist wie der Lebensfaden, der ausgespult wird. Der Graf im Innersten des Schlosses, der das Äußerste an Ferne verkörpert, Amerika und die Hesperiden, ist auch der schreibende Kafka, sich selbst auf der Spur.

Nehmen wir Klamm als tschechisch *klam*, so werden wir daran erinnert, dass alles *Trugbild* und *Phantom* ist, mit dem K. zu

---

hatte guten Grund, sein Buch *K.* zu nennen und wir sollten uns daran erinnern, dass seine Neuerzählung zu den indischen Mythen unter dem Titel *Ka* erschien (1996). In anderen Buchtiteln von Calasso finden wir die Namen Kasch und Cadmos. Dieser Verliebtheit in den eigenen Namen scheint sich Georges Perec bewusst gewesen zu sein, als er einen Roman schrieb, in dem der Buchstabe e *nicht* vorkommt: *La disparition* (1969), ein spätes Kapitel in der langen Geschichte des Leipogramms.

[2] Unter dem Namen Count Westwest schreibt ein Amerikaner Fortsetzungen zu *Harry Potter*: http://www.fanfiction.net/u/1734300/ Count_Westwest (Zugriff 28.2.2012).

kämpfen hat, eine Welt der Gespenster, die für Kafka gerade in seinen späten Jahren oft real waren – man vergleiche seine Briefe an Milena. Kein Wunder, dass der Name Klamm unter Tabu steht. Die Wirtin sagt zu K.: „Nur eine Bitte habe ich. Gebrauchen Sie nicht Klamms Namen. Nennen sie ihn ‚er' oder sonst wie, aber nicht beim Namen." (Kafka 107). Auch das Schloss selbst ist ein Trugbild, aber diese Täuschung hält den Roman zusammen, sie organisiert die Wege und das Ensemble der Illusionen.
Die Täuschung beginnt mit dem Changieren zwischen Schloss, Burg und Stadt:

> Es war weder eine alte Ritterburg, noch ein neuer Prunkbau, sondern eine ausgedehnte Anlage, die aus wenigen zweistöckigen, aber aus vielen eng aneinanderstehenden niedrigern Bauten bestand; hätte man nicht gewußt daß es ein Schloß ist, hätte man es für ein Städtchen halten können. (Kafka 16)[3]

Einen Turm macht er aus, den Schwärme von Krähen umkreisen – van Goghs späte Landschaften drängen sich auf. Der Turm mit seinen kleinen Fenstern, die in der Sonne aufstrahlen, hat etwas „Irrsinniges" (Kafka 17). Die Zinnen scheinen wie von Kinderhand gezeichnet:

> Es war wie wenn irgendein trübseliger Hausbewohner, der gerechter Weise im entlegensten Zimmer des Hauses sich hätte eingesperrt halten sollen, das Dach durchbrochen und sich erhoben hätte, um sich der Welt zu zeigen. (Kafka 17)

Wir ahnen, wer dieser trübselige Hausbewohner sein könnte, das Phantom Westwest, der schreibende Kafka. Das Schloss

[3] Die Interpunktion folgt hier wie in den anderen Zitaten der Manuskriptversion des Romans, die der zitierten Ausgabe zugrunde liegt.

ist die Innenwelt der Außenwelt der Innenwelt. Ähnlich zeigt sich der Geist von Walpoles *Castle of Otranto* (1764) in Form eines riesenhaften Helmes, der durch den Hof des Schlosses bricht. Graf Westwest aber hat eine Spur von Dracula in sich.[4] Selbst die Schlösser ähneln sich in mancher Hinsicht, wenn auch nicht in jeder. So ist Draculas Burg viel stärker auf die Vertikale ausgerichtet. Eine große Ähnlichkeit aber ist in den vielen Türen zu finden, die charakteristisch für den böhmischen wie transsilvanischen Bau sind.
Mehr noch als Graf Westwest erscheint mir jedoch Klamm als der wahre Dracula. Über Westwest wird ja kaum geredet, Klamm aber ist in allen Gesprächen präsent, im gleichen Maße wie er tabu ist. Vor allem Frauen, aber auch Männer sind von ihm abhängig, sein Regime ist bürokratischer wie sexueller Natur.

K. hörte daraus nur eines. „Klamm ist noch immer in Verbindung mit Dir?" fragte er [Frieda] gleich, „er ruft Dich?" (Kafka 169) Und später: „Noch immer bist du Klamms Geliebte, noch lange nicht meine Frau." (Kafka 173)

Das Schloss herrscht über das Städtchen, die Verbindungen sind manchmal stark und sichtbar, oft aber hintergründig bis unsichtbar. Durch seine Macht kann es die Stadt terrorisieren, etwa in Form von sexuellen Übergriffen. Eine wichtige Verbindung stellt das Telefon dar, das K. gleich zu Anfang benutzt, um sich seinen rechtmäßigen Auftritt als Landvermesser zu verschaffen. Vergeblich. Das technische Medium drückt dies mit Rauschen aus:

> Aus der Hörmuschel kam ein Summen, wie K. es sonst beim Telephonieren nie gehört hatte. Es war wie wenn sich aus dem Summen zahlloser kindlicher Stimmen – aber

[4] Dies hat Patrick Bridgwater (2003) in seiner anregenden Studie *Kafka, Gothic and Fairytale*, ausführlich dargelegt (149-164).

> auch dieses Summen war keines, sondern war Gesang fernster, allerfernster Stimmen – wie wenn sich aus diesem Summen in einer geradezu unmöglichen Weise eine einzige hohe aber starke Stimme bilde, die an das Ohr schlug so wie wenn sie fordere tiefer einzudringen als nur in das armselige Gehör. (Kafka 30)

Nach einer Weile kommt Geschrei, Fragen, welcher Landvermesser? „Der ewige Landvermesser. Ja, ja." (Kafka 31) und am Ende, um dem Geschrei zu widerstehen, fragt K.: „„Wer bin ich also?"" (ebd.).
An dieser Stelle könnte das „Wer bin ich?" durch das „Wo bin ich?" ergänzt werden. Zumindest ergeben sich nun doch durch die Topographie einige Anhaltspunkte für die Art und Weise, wie Kafkas Phantasie arbeitete und sich möglicherweise in größere europäische Zusammenhänge einbettete. Kafkas Schloss ist von den Interpreten an unterschiedlichen Stellen entdeckt worden. Klaus Wagenbach lokalisierte es im südböhmischen Dorf Osek, aus dem Kafkas Vater stammte, Hartmut Binder nennt das Schloss Friedland, auf dem Wallenstein wohnte (Alt 231). Eine neuere Spur führt in das Reich der Kinematographie, die für Kafka zeitlebens wichtig war. Am 8. August 1921 unternahm Kafka vom Kurort Matliary aus einen Ausflug ins Tatra-Gebirge. Möglicherweise, so spekuliert Peter-André Alt, besuchte er dabei die etwa 100 km entfernte Burg Oravský (dt. Arwa), eine berühmte Sehenswürdigkeit der Gegend. Das Bild von Burg und Dorf passt in mancher Hinsicht zum Roman, aber interessant ist nun, so Alt weiter, dass wenige Wochen später hier einer der bedeutendsten Filme des Schauerkinos gedreht wurde, Friedrich Wilhelm Murnaus *Nosferatu*. Dieser Film basiert auf Bram Stokers Roman *Dracula*, musste aber aus urheberrechtlichen Gründen die Spuren verwischen. Das englische Whitby im Roman wird zu Wisborg an der Ostsee (Wismar), aus Harker wird Hutter, aus van

Helsing Professor Bulwer und aus Graf Dracula der Graf Orlok, die Handlung wird um 60 Jahre zurückverlegt ins biedermeierliche Deutschland. Gedreht wurde auf Sylt, in Wismar und Lübeck sowie in der westlichen Tatra.[5] Im März 1922 hatte *Nosferatu* (was soviel heißt wie „Pestbringer") seine Premiere in Berlin, die Presse war begeistert von der Landschaft und dem Schauder. Ob Kafka ihn je gesehen hat, wissen wir nicht. Da Kafka ein fleißiger Kinogänger war, ist es jedoch wahrscheinlich. Alt stellt fest, dass zunächst das „Bild der Burg die literarische Phantasie des Autors [steuert], der seinen Text ohne Kenntnis des Filmes beginnt." (Alt 170) Er verweist sodann auf die zahlreichen Plakate, die für den Film warben, in einer Zeit, als Kafka *Das Schloß* sowie weitere Textfragmente schrieb, die zum Teil verblüffende Ähnlichkeiten mit Sequenzen aus dem Film aufweisen. Insbesondere sind in diesen Fragmenten Gespenster und Wesen zu finden, die in einen Körper eindringen – es ist dieselbe Angst vor Vampirismus, mit dem der Film das Unbewusste seiner Zuschauer reizt.

Durch diese Interferenzen wird Kafkas Roman nun auch Teil einer transsilvanischen Imagination oder Bilderkette, die sich wie die Karpathen um das Bewusstsein legen. Die Medienüberschreitung[6] machte mir Kafkas Werk in meiner siebenbürgi-

[5] Alt 163. Die Spurenverwischung half nichts. Die Witwe Bram Stokers klagte erfolgreich, der Film musste vernichtet werden, doch blieben glücklicherweise zahlreiche Kopien erhalten. Was die Namensgebung angeht: Bulwer könnte auf Bulwer-Lytton verweisen, einen der, besonders in Deutschland, erfolgreichsten viktorianischen Autoren, der sich zudem mit Okkultismus beschäftigte. Orlok wird bei Alt (162) mit engl. warlock (Hexenmeister) in Verbindung gebracht. Es gibt weitere Anklänge. So finden sich Häufungen des Vokals o in Jules Vernes *Le château des Carpathes*; dort heißt der Erfinder Orfanik, sein Herr ist Graf Rodolphe de Gortz. Orlok ist zudem eine verkürzte Form von Morlock, den unterirdischen kannibalistischen Wesen in H.G. Wells' *The Time Machine* (1895). Und nicht zu vergessen jener, dessen Namen man nicht aussprechen soll, Lord Voldemort in *Harry Potter*.

[6] „Kafkas kinematographisches Erzählen ist das Resultat einer produktiven Interaktion der Medien, die eine eigene Schule der literarischen Wahrneh-

schen Behausung zu einem Teil der Welt, in der ich gerade wohnte. Nach einem Pawlowschen Reflex gibt man hierzulande bei dem Wort „Transsilvanien“ meist einen dreisilbigen Laut von sich: „Dracula“. Mehr will uns nicht einfallen zu dieser historisch und kulturell reichhaltigen südosteuropäischen Landschaft. Man kann dies auch als Zeichen einer verkürzenden Globalisierung sehen, die unter dem Imperium von weltumspannenden meist englischsprachigen Medien steht.
Das trifft auf Dracula selbst zu, der in der historischen Realität zwar vieles war und böse auf jeden Fall, doch ein Vampir war er nicht. Hier hat der irische Autor Bram Stoker, der Transsilvanien nie betrat, einen Cocktail zusammengestellt, der wie kein anderer die Literatur und den Film, ja die Populärkultur beeinflusst hat. Nicht nur der Vampir mit seinen spitzen Zähnen und dem bleichen Gesicht wurde zur Ikone, sondern auch sein Schloss in Transsilvanien. Doch wo es steht oder stand, weiß man nicht genau. Inzwischen – auch dank der unermüdlichen Arbeit der Medien – hat man sich auf die Burg Bran bei Braşov/Kronstadt geeinigt. Leider hat Vlad III., auch Tepeş (der Pfähler) genannt, nie die schöne Burg betreten, die inzwischen zu einer touristischen Attraktion geworden ist. Die einzige geographische Angabe im Roman, die eine Nähe zur Burg herstellt, ist der Borgo-Pass in den Ostkarpaten, über den der englische Rechtsanwalt Jonathan Harker von Bistrita/Bistritz aus mit einer Kutsche fährt – aber zwischen dem Pass und der Burg liegen noch 200 km Luftlinie.
Die Burg im Roman entspricht der Tradition des Schauerromans: „[…] the courtyard of a vast ruined castle, from whose tall black windows came no ray of light, and whose broken battlements showed a jagged line against the moonlit sky.” (Stoker 43) Der Brite erreicht sie nachts, nachdem sich die Zeichen des Unheils häuften. Als aufgeklärter Westeuropäer reist er durch das, wie ihm scheint, abergläubischste Land von

---

mung begründet.“ (Alt 194)

Europa, sieht blaue Flammen in der Nacht, hört die heulenden Wölfe und wird schließlich von einem unheimlichen Kutscher mitgenommen, der, wie sich später herausstellt, niemand anders als Graf Dracula selbst ist. Eine solche Vorgeschichte gibt es in Kafkas *Das Schloß* nicht. Dort werden wir unvermittelt in das Dorf und das Geschehen am Schloss hineingesetzt. Dennoch ist der englische Rechtsanwalt in mancher Hinsicht mit dem Landvermesser K. zu vergleichen. Beide sehen sich einer rätselhaften Situation gegenüber. Sie sind beide gekommen im Glauben, eine bestimmte Aufgabe zu erfüllen, doch dieser Plan wird durchkreuzt. K. erfährt nichts über seine Landvermessertätigkeit und der junge Rechtsanwalt, der dem Grafen eine Immobilie in London vermitteln soll, dient eher der biologisch-triebhaften Regeneration des Burgherrn. Durch dessen ausgesuchte, alteuropäische Höflichkeit gerät der Brite in ein Labyrinth, aus dem er nur mit großem Schaden wieder herauskommt. Der Graf beherrscht die Transformation und verwandelt sich wie Kafkas Gregor Samsa in ein Tier, in diesem Fall eine Eidechse. Später werden wir ihm als Fledermaus oder gar als Nebel wieder begegnen. Das Labyrinthische beginnt für den Briten jedoch schon zuvor und zwar im Sprachengewirr des Landes. Er muss sich zurechtfinden zwischen Slowakisch und Serbisch (Stoker 36) oder auch Deutsch (41); zudem ist der Graf ein Székler, also ungarischer Abstammung. Von Rumänisch erfährt man merkwürdigerweise nichts, aber es scheint Tschechen und Slowaken hier zu geben (38) und natürlich Zigeuner, die ihn verraten (73). Die sprachliche Polyphonie ist im übrigen charakteristisch für den Roman, in dem später der holländische Abraham van Helsing mit seinem schwer gefärbten Englisch auftreten wird. Das Englische und das Fremde stehen hier immer in Opposition, manchmal aber kooperieren sie eben auch. Die einzige Sprache, die Harker in Transsilvanien spricht, ist im Übrigen Deutsch. Der Roman baut formal weitere Labyrinthe auf, indem er ständig das Medium wechselt:

mal ist es ein Tagebuch, mal Briefe, mal Transkripte von phonographischen Sitzungen, mal Telegramme. Überhaupt ist das Schreiben sehr wichtig. Einmal dient es den Figuren zur Selbstentlastung, zum anderen aber ist es ein wichtiges Mittel in der Verfolgung Draculas, der in England eine Spur der Verwüstung legt. Die Bürokratie bekämpft in diesem Roman den Atavismus, ohne doch selbst ganz auf diesen verzichten zu können, denn van Helsing bedient sich so manchen alten Rezeptes gegen den Vampirismus. Gerade der bürokratische Aspekt des Romans – die Schreibmaschine, der Phonograph, die Arbeit des Rechtsanwaltes und die Verschiffung der Särge – macht ihn zu einem Vorläufer von Kafkas *Das Schloß*. Es musste aus Transsilvanien nur noch in die Slowakei verlegt werden, um zu einem Film zu werden, den Kafka auf seine spezifische Weise aufgenommen haben könnte.
Ein Vorbild für Stokers *Dracula* könnte Jules Vernes *Le château des Carpathes* (1892) gewesen sein. Während Draculas Burg in den Ostkarpaten liegt, findet sich Jules Vernes Festung in den südwestlichen Karpaten bei dem Städtchen Vulcan/Hunedoara, nicht weit von Alba Iulia (Karlsburg) und Sibiu (Hermannstadt). Jules Verne evoziert einen Vielvölkerstaat mit Ungarn, Rumänen, Sachsen, Tschechen, Slowaken, Zigeunern und anderen Ethnien. Zugleich handelt es sich um den wildesten Teil Europas, in dem sich mittelalterliche Ansichten mit Aberglauben vermischen – ganz wie in *Dracula*. Das Dorf Werst[7] ist in seiner Beziehung zur Burg geprägt, die einsam auf einem Felsen darüber thront, wild umwuchert von Wald und Legende. Als eines Tages eine Rauchsäule aufsteigt – die die Dorfbewohner mittels eines Fernrohrs entdecken – machen sich ein junger Förster und ein Arzt auf den Weg, um die Wahrheit über die verlassene Burg herauszufinden. Sie gehört

[7] Ein Dorf solchen Namens ist nicht aufzufinden in Rumänien, allenfalls gibt es das sächsische Werd. Vermutlich vermengt Verne hier slawisches Wortgut mit deutschsprachigem. Der Nachbarort Vulcan ist dagegen existent und heißt auf Deutsch Wolkersdorf.

der Familie von Rodolphe de Gortz, der jedoch außer Landes zu sein scheint. Kurz vor dem Aufbruch aber ertönt eine Stimme im Wirtshaus, die den Förster warnt. Er schlägt dies in den Wind und macht sich auf. Als die beiden sich dem Mysterium nähern, werden sie wie vom Schlag getroffen. Der Förster fällt halb gelähmt in einen Graben, der Arzt kann sich plötzlich nicht mehr bewegen. Mit aller Mühe und Not gelangen sie wieder in das Dorf. Die Vorgänge scheinen den Geisterglauben der Region zu bestätigen. Eines Tages taucht ein ungarischer Adliger namens Franz von Télek mit seinem Begleiter Rotzko im Dorf auf. Er lässt sich von den Spukgeschichten nicht beeindrucken und möchte das Geheimnis der Burg lüften. Nun erfahren wir in einer Rückblende, dass er einst in Italien mit einer Sängerin, La Stilla, verlobt war. Sie wurde gleichzeitig umworben, wenn nicht gestalkt, von einem Rodolphe de Gortz. Bei ihrer Abschiedsvorstellung sank sie auf der Bühne hin und starb vor den Augen beider Freier. Gortz machte Télek für ihren Tod verantwortlich und verschwand mit seinem Begleiter – das dritte männliche Paar in dieser Geschichte, das aus Protagonist und Kompagnon besteht. Jahre später nun kommt Télek nach Werst und nähert sich dem Schloss. In der Nacht erscheint plötzlich die tot geglaubte Sängerin auf den Zinnen und macht ihn halb wahnsinnig. Er schickt seinen Begleiter nach Karlsburg, um die Polizei zu holen, und klettert selbst in die Burg hinein. Er vernimmt Stillas Gesang, doch der Gesang der falschen Ariadne lockt ihn in ein Labyrinth. Schließlich gelingt es ihm, sich zu befreien, er beobachtet wie Orfanik, der wahnsinnige Erfinder und Begleiter von Gortz, eine Sprengladung an das Schloss legt, und begegnet endlich dem Baron von Gortz selbst. Der lässt La Stilla noch einmal auf einer Bühne vor beiden auftreten, um sie zu erdolchen. Doch dann stellt sich heraus: Stilla ist kein Mensch aus Fleisch und Blut, sondern eine technologische Illusion. Ihr Auftritt ist elektrisch erzeugt durch eine Kombination von Phonograph, Spiegeln und Lichtern, eine Art Hologramm. Die Burg aber geht in die Luft, der Baron stirbt, während Franz von Télek zwar gerettet wird, aber dem Wahnsinn anheimfällt. Die Rache des Barons scheint gelungen. Einzig der Förster heiratet sein Mädchen, so dass es wenigstens in anderen Etagen der Gesellschaft zu einem *happy end* kommt. Jules Verne hat sich öfter dem Balkan zugewendet, so in *Mathias Sandorf* (1885), einem Roman über einen ungarischen Adligen, oder in *Le secret de Wilhelm Storitz* (1901, überarbeitet von Michel Verne 1910). Der Balkan, speziell Transsilvanien, ist für Verne ein idealer Projektraum für den Zusammenstoß von Technik und Aberglauben, Moderne und Mittelalter, nicht anders als bei Stoker. Nur sind die Karten anders verteilt. Die Burg wird nicht von einem atavistischen Monster bewohnt, sondern einem hochgebildeten Grafen, der in Gestalt seines finsteren Gefährten Orfanik[8] unheimliche Phänomene erzeugt. Die Erscheinungen sollen lästige Beobachter abwehren und das Dorf in Angst und Schrecken halten Auch in Kafkas *Das Schloß* gibt es diese Abwehrhaltung, wenngleich sie dort nicht technologisch untermauert wird. Fremden wird der Zugang so gut wie unmöglich gemacht. Der Abstand zwischen Schloss und Dorf muss auf jeden Fall erhalten werden. Ebenso übt Dracula Terror auf seine Umgebung aus, und zwar mit Hilfe der Wölfe und anderer wilder Tiere. Wo Dracula der archaische Herr der Tiere ist, ist Rodolphe der Herr der Technik. Diese benutzt er zum anderen für die Wiederauferstehung der Stilla, ein technischer Traum, der beschützt sein will. Die Belebung unbelebter Figuren ist so alt wie die Kunst selbst. Pygmalion ist ein altes Beispiel, doch wurde im 19. Jahrhundert mit den Mitteln der Technik weiter an dieser Form des Überlebens gearbeitet. Vernes Landsmann Villiers de L'Isle-Adam hatte 1886 den

8 In dem Namen stecken z.B. frz. „orfèvre“, der Goldschmied, engl. „orphan“, der Waise, sowie in „-anik“ der Fanatiker und Maniker. Aufgrund des Namens lässt sich sagen, dass wir es mit einem entwurzelten und fanatischen Alchemisten/Ingenieur oder Erfinder/Schmied zu tun haben.

Roman *L'Ève future* herausgebracht, in dem es um eine künstliche Frau geht, die mit Hilfe von Thomas Alva Edison höchstpersönlich zum Leben gebracht wird. Auch sie endet jedoch in einer Katastrophe. Die Burg wird in dieser Erzählung Vernes zu einer Art Junggesellenmaschine, was sicherlich auch für den zölibatären Dracula zutrifft. In weitaus subtilerer Form scheint dies auch für Kafkas Schloss zu gelten. K.s Phantasien über Klamm und das Schloss bündeln sich in der nicht besonders glücklichen und kurzen Beziehung zu Frieda, der ehemaligen Geliebten Klamms. Das Schloss ist Kafka so unbekannt und unberechenbar, wie es ihm die Frauen sind, mit denen er sich im Leben einließ. Im Vergleich zu K.s Versuchen, in das Schloss einzudringen, erscheinen die Abenteuer des Försters und des Grafen Télek eher adoleszent. Dennoch sind es ähnliche Bewegungen in Labyrinthe hinein, Lähmungen und Täuschungen, die sie ebenso befallen wie den Helden Kafkas. Was Verne im Adelsmilieu und in der Technik ansiedelt, wiederholt sich bürgerlich und juristisch bei Kafka. Die Adelsburg hat im 19. Jahrhundert ihre Bedeutung verloren und wird neu gefüllt mit bürgerlichen Phantasien. Verwaltung und Technik übernehmen die Funktionen des Adels für die neu entstehende Gesellschaft. Und die Liebe? Sie erweist sich als Illusion: Bei Dracula verkommt sie zum Saugen, bei Verne zur technischen Illusion und bei Kafka zur Zerstörung durch Bürokratie. *Blut*, *Kino* und *Büro*: Das sind die Aussichten für das 20. Jahrhundert.

Literatur

Alt, Peter-André: *Kafka und der Film*, München, 2009:.

Bridgwater, Patrick: *Kafka, Gothic and Fairytale*, Amsterdam, 2003.

Calasso, Roberto: *K.*, München, 2006.
Kafka, Franz: *Das Schloß.* Roman in der Fassung der Handschrift, Frankfurt/M, 2007.
Koydl, Wolfgang: *Yucatan*. Kuriose Ortsnamen und ihre Geschichte*, Hamburg, 2011.
Nerval, Gérard de: "Châteaux de Bohème", in Nerval, *Oeuvres*, Editions de la Pléiade. Paris, 1952.
Stach, Reiner: *Kafka: Die Jahre der Erkenntnis,* Frankfurt/M, 2010.
Stoker, Bram: *Dracula*, Peterborough/Ontario, 1998.
Verne, Jules: *Le château des Carpathes*, Paris, 1979.

Der Aufstand der Untoten: Bram Stokers *Dracula*

Die englischsprachige Literatur hat im 19. Jahrhundert eine ganze Reihe von Figuren erschaffen, die überall auf der Welt geradezu als Archetypen wiedererkannt werden, als seien sie Ausdruck eines inzwischen global gewordenen kollektiven Unbewussten. Zu denken wäre an Frankenstein und sein Monster, Dr. Jekyll und Mr. Hyde, Moby Dick und Scrooge, Sherlock Holmes und den Zeitreisenden mit seiner Zeitmaschine. Möglicherweise hat die angelsächsische Welt als Speerspitze der Modernisierung auch deren Albträume als erste erlebt und erfunden.

In diese Liste wäre ein weiterer Archetyp aufzunehmen, der die genannten an Unheimlichkeit und Rätselhaftigkeit noch überragt: Dracula. Wie kein anderer hat er die Populärkultur vom Kino bis in die Sprache, von Bestsellern bis zur Mode geprägt, und gerade in diesen Jahren feiern seine Nachkommen in Kultfilmen und -büchern die Wiederkehr des Meisters, der sich fortwährend durch fremdes Blut verjüngt. Seitdem es Dracula gibt, hat die Angst einen Namen.

Zu verdanken ist dies dem irischen Autor Bram (Abraham) Stoker (1847–1912), dem es gelang, zwei verschiedene Traditionen zu verschmelzen: die Geschichten um den historisch verbürgten rumänischen Grafen Vlad Ţepeş, genannt Dracula, der sich durch seine Grausamkeit in das historische Gedächtnis des Balkans einbrannte, und jene Volkserzählungen über blutsaugende Wesen und Untote, die auch Vampire heißen. Erst durch diese Fusion war der Archetyp geboren, denn Grausame gab es schon vor ihm und auch Vampire hatten längst die Literatur betreten. Wir finden sie in Volkserzählungen oder ost- und südosteuropäischen Volksmärchen, und auch die Philosophen und Theologen hatten schon lange eine Vampirdiskussion geführt. 1773 hatte Gottfried August Bürger

Mustache

seine Ballade „Lenore“ geschrieben, in der ein Toter seine Geliebte heimholt; Stoker sollte daraus die Zeile „Die Toten reiten schnell“ zitieren. Die Romantik berauschte sich an ähnlichen Vorstellungen, von E. T. A. Hoffmann bis hin zu A. S. Puschkin, N. W. Gogol, I. S. Turgenjew, Adam Mickiewicz und Edgar Allan Poe. In Frankreich versuchten sich unter anderem Prosper Mérimée, Théophile Gautier und Charles Baudelaire an der Thematik der blutsaugenden Untoten.

Für die britische Literatur war ein denkwürdiges Treffen am Genfer See der Ausgangspunkt nicht nur für den Roman *Frankenstein*, sondern auch für die Vampirgeschichte, und diese sollte Folgen haben für die heutige globalisierte Welt. An einem nass-kalten Sommertag des Jahres 1816 – es war das „Jahr ohne Sommer“, nachdem ein Vulkan in Indonesien ausgebrochen war – versammelten sich Lord Byron, Mary Godwin, Claire Clairmont, Percy B. Shelley und der Leibarzt Byrons, John William Polidori, in der Villa Diodati und erzählten sich Gespenstergeschichten. Mary Godwin, die spätere Mary Shelley, erträumte hier erstmals das namenlose Monster, während der Doktor den Vampirmythos aufgriff. Damit setzte er einen Topos in die Welt, dessen Grundelemente in immer neuen Varianten zusammengesetzt werden – der östliche Schauplatz, ein unnahbarer und undurchschaubarer Mensch oft adliger Herkunft, seine Opfer und Gegenspieler. Keats und Coleridge variierten das Thema in Schauerballaden, in denen das Unheimliche jedoch weiblich ist. Auch in Sheridan Le Fanus *Carmilla* (1872) sollte der Vampir eine Frau mit lesbischen Zügen sein. Wie Polidoris Lord hat sie einen rätselhaften Hintergrund, und während der Romantiker seine Figuren nach Griechenland und Kleinasien reisen lässt, stellt der irische Viktorianer seinen Figuren die Steiermark zur Verfügung; auch Bram Stoker wollte ursprünglich seine Geschichte in der Steiermark ansiedeln, wie ein aussortiertes Kapitel, „Dracula’s Guest“, andeutet. Exotik ist es allemal, denn erst vor dem fremdartigen Vorhang lässt sich die Folklore entfalten, die mit dem Vampir von jeher verbunden ist.

Bram Stoker, der in Marino Crescent bei Dublin geboren wurde, hatte als Ire ohnehin einen von Volksglauben genährten Hintergrund. Sein Vater arbeitete bei der Dienstaufsichtsbehörde in Dublin Castle, wo der Sohn eines Tages auch eine Zeitlang tätig sein sollte, doch die Mutter kam aus dem legendenträchtigen Donegal. Stokers zweiter Roman, *The Snake's Pass* (1890), griff den Kontrast zwischen Briten und Iren auf, in dem die Familie Stoker lebte. Sie waren angloirische Protestanten, wie etwa auch der Lyriker William Butler Yeats oder der mit Stoker befreundete Oscar Wilde.

Bram Stoker, das dritte von sieben Kindern, war in den ersten sieben Jahren seines Lebens bettlägerig aufgrund einer bis heute ungeklärten Krankheit. Wer an den Einfluss von Lebenserfahrung auf das literarische Werk glaubt, wird hier erste Anhaltspunkte für lebenslange Obsessionen finden – Untote, die sich aus ihren Gräbern erheben, und andere Phantome zwischen Diesseits und Jenseits. Eine Art Untoter war er tatsächlich, denn als er in die Schule kam, wurde er ein gesunder und starker Junge, er betrieb alle möglichen Sportarten und wurde ein bekannter Leichtathlet und Fußballer am Trinity College, Dublin, wo er Mathematik, Geschichte und Literatur studierte. Eine Zeitlang arbeitete er als Staatsangestellter in Dublin Castle und veröffentlichte eines seiner ersten Bücher, das ein Standardwerk wurde: ein Handbuch für Vorsitzende bei Schnellgerichtsverfahren. Immerhin machte ihn diese Lebensepisode vertraut mit Fragen der Buchhaltung und der juristischen Sprache, die seinem Hauptwerk zugute kommen sollten.

Früh interessierte er sich für das Theater und wurde Theaterkritiker bei der *Dublin Evening Mail*. Durch eine Besprechung fiel er dem gefeierten Schauspielstar Henry Irving auf, einem Darsteller von dämonisch-charismatischen Rollen, der insbesondere Shakespearestücke, aber auch Goethes *Faust* gab. Die beiden freundeten sich an und Irving machte Stoker zu seinem Sekretär und später zum Theatermanager seiner Bühne, dem Lyceum Theatre in London. Stoker ging mit Irving auf viele Reisen und Tourneen, insbesondere nach Amerika, organisierte Aufführungen, war Produzent und Pressechef und blieb der engste Sekretär. Es war eine besondere Freundschaft, und man hat in Irving ein Modell des Grafen Dracula gesehen. Stoker erinnerte an diese Zeit in seinem autobiographischen Werk *Personal Reminiscences of Henry Irving* (1906).

1878 heiratete er Florence Balcombe, eine Schönheit aus der Nachbarschaft in Marino Crescent. Schon Oscar Wilde hatte um sie gefreit, doch sie gab Stoker den Vorzug. Stoker und Wilde blieben dennoch Freunde, ja Bram Stoker besuchte Oscar Wilde noch kurz vor dessen Tod in Frankreich, nachdem dieser aus dem Zuchthaus Reading entlassen worden war.

Stokers Arbeit für das Theater brachte ihn mit zahlreichen Autoren und Künstlern in Kontakt, mit vielen war er befreundet. So auch mit Arthur Conan Doyle, mit dem er eine Neigung zur Horrorgeschichte teilte. Seit 1872 hatte Stoker begonnen, Erzählungen zu schreiben, die oft mit dem Schauder spielten und sein Interesse am Okkulten widerspiegelten. Mesmerismus, Besessenheit, Persönlichkeitsspaltung, Albtraum, Folter, Schlafwandeln, Hypnose, dazu romantisch-wilde Landschaften, Ruinen oder die Abgründe Londons – all diese Elemente waren Bestandteil spätviktorianischer Erzählkunst von Le Fanu bis Stevenson und Doyle, und Stoker bediente sich ihrer ebenfalls reichlich. In Romanen über Mumien oder eine monströse unterirdische Schlange (*The Jewel of Seven Stars*, *The Lair of the White Worm*) sollte er der Sensationslust seiner Leser bis zum Schluss entgegenkommen. Nach dem Tod Henry Irvings 1905 widmete sich Stoker verstärkt dem Schreiben. Politisch war er ein Liberaler und unterstützte den Premier Gladstone in seinem Bestreben, Home Rule für Irland zu gewähren. Er starb nach Schlaganfällen 1912 in London; einige Biographen sahen hier auch die Folgen einer Syphiliserkrankung.

Vermutlich wäre Bram Stoker als einer von vielen trivialen Horrorautoren in das Vergessen der Literaturgeschichte eingegangen, hätte er nicht eine Fiktion in die Welt gesetzt, die wie keine andere bis heute auf die Realität zurückwirkt. Der Roman *Dracula*, der ursprünglich *The Un-Dead* heißen sollte, erschien 1897 und erreichte mehrere Auflagen, doch der große Ruhm sollte erst nach Stokers Tod eintreten. Insbesondere der Film entdeckte die hypnotischen Qualitäten des Stoffes. Seitdem der ungarische Schauspieler Bela Lugosi 1931 Dracula in einem Film darstellte, hat der Graf ein Gesicht, das auf keiner Karnevalsparty und keinem Halloweenspuk mehr fehlen darf: Der hohe Kragen, die spitzen Zähne, die bleiche Haut sind die Kennzeichen der Ikone.

Doch wie ist Bram Stoker auf den Stoff gestoßen? Erste Anregungen mag er von einer Reise Irvings nach Nürnberg erhalten haben, denn hier gibt es Anhaltspunkte für Vlad den Pfähler. Dessen Vater wurde 1431 von Kaiser Sigismund in den Drachenorden aufgenommen, der sich die Abwehr der Türken zur Aufgabe gesetzt hatte. Der Name Dracula weist also zunächst nur auf die Mitgliedschaft in diesem Orden; die zweite Bedeutung „Teufel" findet sich nur im neueren Rumänisch. Vielleicht wurde der Sohn sogar in Nürnberg geboren, obwohl man heute eher annimmt, dass dies in Schäßburg/Siebenbürgen, dem heutigen Sighişoara, geschah. In Nürnberg erschien auch eine Reihe von Pamphleten gegen Vlad. Wichtiger scheint jedoch zu sein, dass Stoker 1890 den Abenteurer und vielgereisten Professor Arminius Vámbéry kennenlernte. Dieser Kenner des Orients, ein ungarischer Jude, der den Islam bewunderte, für den britischen Geheimdienst tätig gewesen sein soll und eigentlich Hermann Vamberger hieß, erzählte dem Iren erstmals von den Untaten und den Schrecken, die Vlad

III. auf dem Balkan verbreitet hatte. Die nächsten sieben Jahre vertiefte sich Stoker in Reisebeschreibungen und historische Darstellungen, aus denen er später auch gerne zitieren sollte, nicht anders als Karl May in den *Schluchten des Balkan*. Denn nach Südosteuropa ist Stoker nie gekommen. Daraus erklären sich auch einige Merkwürdigkeiten des Romans: Der Borgó-Pass, an dem Jonathan Harker in die Abgründe schaut, ist wohl weniger gefährlich-wild als dargestellt. Wichtiger noch: Bei Stoker rühmt sich der Graf einer ungarischen Herkunft, denn er ist ein Székler, doch das war der historische Vlad nun einmal nicht, auch wenn er sich oft auf ungarischer Seite befand oder in ungarischer Haft war. Auch gehörte ihm nicht Transsilvanien, sondern er herrschte auf der anderen Seite der Karpaten, in der Walachei. In all den Geschichten, die über den historischen Vlad III. kursierten, ist niemals die Rede von Vampiren gewesen. Erst Stoker brachte, wie gesagt, diese Fusion zustande und löste damit den Flug eines archetypischen Helden durch die Kulturgeschichte aus. Der historische Woiwode war tief verwickelt in die Kriege und Intrigen seiner Zeit, er war als Kind Geisel des Sultans gewesen und bekämpfte später nicht nur die Türken, sondern auch eigene Gefolgsleute, Abtrünnige oder unbotmäßige Kaufleute mit einer ungeahnten Grausamkeit, wenn wir den zahlreichen Pamphleten glauben dürfen, die hernach über ihn kursierten. In Rumänien hat er bis heute, sofern man ihn nicht touristisch vermarktet, den Ruf eines Helden, der sich den Osmanen entgegenstellte, und noch Nicolae Ceauşescu nahm ihn sich zeitweilig als Vorbild.

Sein Kennzeichen war jedoch das Pfählen. Auch wenn es andere ebenfalls praktizierten, so scheint er es doch mit einer sadistischen Brutalität in extremis ausgelebt zu haben. Im Roman tut er dies eben nicht, sondern es wird gleichsam gegen ihn und seine Untoten angewandt – eine der vielen Verkehrungen, die wir in Stokers Buch antreffen.

Stoker ist es auch zu verdanken, dass seither Transsilvanien im Bewusstsein vieler Westeuropäer eine Landschaft ist, die mit Schauer erfüllt. Mit der Wirklichkeit hat das kaum etwas zu tun. Stoker hat aufgrund intensiver Lektüre von Reiseliteratur (unter anderem Emily Gerard und William Wilkinson) eine Projektionsfläche geschaffen, auf der sich die Ängste und geheimen Wünsche der anderen Europäer breitmachen konnten. Das „Land hinter den Wäldern", wie es übersetzt heißt, auch als Siebenbürgen bekannt, verkörpert vage eine südöstliche Region, die historisch von vielen Völkern durchwandert, umkämpft und besiedelt wurde und lange Zeit eine Pufferzone zwischen Okzident und Orient darstellte, mithin ein Land, das schwer zu definieren war und als Einfallstor für Gefahren gesehen wurde – für Westeuropäer ein so gut wie imaginäres Territorium. Der Roman macht durch die Verwendung verschiedener Sprachen und Akzente auf die Verwirrung und Unüberschaubarkeit dieses Landstrichs aufmerksam. Er steht aber auch in einer Tradition von Schauergeschichten, in denen das Böse immer im Süden oder im Osten angesiedelt ist – von Horace Walpoles Süditalien in *The Castle of Otranto* bis hin zu Le Fanus Steiermark in *Carmilla* oder Anthony Hopes Ruritania in *The Prisoner of Zenda*, einem viktorianischen Abenteuerroman. Es gibt Hinweise, dass der Magier und Sänger Klingsor aus Siebenbürgen kam, und sogar Grendel, das Ungeheuer in *Beowulf*, hat ein gleichnamiges Gegenstück in der dortigen Sagenwelt.

Stokers Kunst bestand darin, vorhandene Konventionen des Schauerromans mit neuen Elementen zu verbinden, indem er etwa dem Schreckensschloss den Vampir hinzufügte und diese Welt mit der des modernen Englands verband. Das Böse bleibt nicht auf seine Region beschränkt, die auch Vergangenheit bedeutet, sondern betritt mit seinen erdgefüllten Särgen die Moderne. Es treibt dort sein Unwesen, indem es sich der Verwandlung bedient – sei es in einen englischen Gentleman oder einen Wolf. Die Verwandlung ist eines der wesentlichen Motive gleich von Beginn an, als der englische Anwalt Jonathan Harker in die Wildnis fährt. Dracula erscheint als Kutscher, als Herr über die wilden Tiere, als Reptil, Fledermaus oder gar Nebel und eben als gebildeter, polyglotter Schlossherr, der London und die englische Kultur bis in Einzelheiten kennt. Verwandlungen drohen, wenn es um die gebissenen Frauen und Kinder geht und die Möglichkeit, dass auch diese zu Vampiren werden. Und natürlich ist der Vampir selbst Inbegriff der Metamorphose, er ist das Urbild aller Verwandlung, denn er oder sie wandelt sich vom Toten zum Lebendigen und zurück. In dieser Welt sich auflösender Identitäten mag ein Großteil der Faszination für das Genre liegen, insbesondere seit dem 19. Jahrhundert, das genau diese Thematik der Auflösung der Person oder deren Verdopplung entdeckte.

Dracula ist nicht nur eines der meistgelesenen und -gesehenen Werke der Weltliteratur – angeblich steht es der Popularität nach gleich hinter der Bibel – es hat auch Nachfolger und Fortsetzungen hervorgebracht wie kein zweites Werk. Stoker selbst brachte es noch auf die Bühne, 1922 kam Friedrich Murnaus Klassiker *Nosferatu* heraus, der zu Urheberrechtsstreitigkeiten mit der Witwe Stokers führte. Der Film setzte Maßstäbe für die Kinematographie. Es wird sogar vermutet, dass er Kafka bei der Niederschrift seines letzten Romans, *Das Schloss*, beeinflusste, so dass *Dracula* mittelbar auch der Ahnherr des großen modernen Romans wäre. Der englische Rechtsanwalt in Transsilvanien ist durchaus in einer ähnlichen Lage wie der Landvermesser in Kafkas Schlosswelt.

1931 wurde die autorisierte Verfilmung *Dracula* von Tod Browning gezeigt. Es folgten weitere Verfilmungen: Von Roman Polanski bis Francis Ford Coppola nahmen sich die bedeutendsten Regisseure des Stoffes an. Nicht zuletzt ist dies einem Medium zu verdanken, das wie kein anderes die Illusion des Schreckens erzeugen kann. Auch in die Literatur begann der Vampir zurückzukehren – ob in Anne Rices Vampirromanen, in Angela Sommer-Bodenburgs Serie *Der kleine Vampir* oder in Stephenie Meyers *Bis(s)*-Serie (*The Twilight Series*). Ein Urgroßneffe Stokers, Dacre Stoker, brachte zusammen mit Ian Holt 2009 eine Fortsetzung des Originals heraus: *Dracula – The Un-dead* (*Dracula – Die Wiederkehr*).

Von einer eher historischen und philosophisch-psychologischen Seite her hat der gebürtige Schäßburger Autor Dieter Schlesak die Thematik romanhaft erarbeitet in seinem *Dracula-Projekt*. Inzwischen gibt es in der ganzen Welt Dracula- und Vampirgesellschaften, Vampirmuseen und Dracula-Restaurants, die allesamt dazu beitragen, eine Fiktion in die Wirklichkeit umzusetzen. Ein Dracula-Rummelplatz, der von einer amerikanischen Firma in Siebenbürgen geplant wurde, ist jedoch glücklicherweise nicht zustande gekommen.

Neben diesen imaginativen und kommerziellen Phänomenen hat das Buch eine massive Forschungsliteratur hervorgebracht, die sich unter anderem damit beschäftigt, warum das Thema und die Figur eine solche Faszination auf die gegenwärtige Menschheit ausüben. Auf der einen Seite gibt es zahlreiche Studien zu den historischen Hintergründen Draculas, zum Vampirismus und den Spuren von Vlad dem Pfähler, auf der anderen versucht man, den Schrecken des Romans zu erfassen und ihn literarisch, psychologisch, soziologisch oder politisch einzuordnen.

Im Vordergrund steht dabei zunächst der Protagonist, der jedoch im Roman auffällig wenig zu Wort kommt. Sobald er sein Schloss verlassen hat, um sich in England niederzulassen, verstummt er und existiert nur als namenlose Angst, etwa wie der Unsichtbare in H. G. Wells' Roman *The Invisible Man* (1897). Das Bild des Vampirs hat neben seiner ethnographischen Bedeutung oft als Metapher gedient, denn der Blutsauger stellt eine Perversion des lebenserhaltenden Saugens jeden Säugetiers dar. So wird der Kapitalismus als Vampir bei

Marx und Engels gesehen, Antisemiten sehen im Juden den Blutsauger ebenso wie Antifaschisten dies in Hitler getan haben. Das Bild des Blutsaugers eignet sich bestens zur Vorstellung jenes Anderen, meines Todfeindes, der mich meiner Energie beraubt, aber auch meine Projektion darstellt. In Dracula hat man daher auch den Teufel und den Antichristen gesehen, der mit seinem Blutritual das Letzte Abendmahl parodiert, ebenso den irischen Rebellen, der das britische Imperium bedroht, oder den Briten, der Irland aussaugt. Die unterschwelligen sexuellen Andeutungen, die auch ins Homo- und Bisexuelle spielen – man denke an die Verführungsszene im Schloss –, haben einer psychoanalytischen oder genderorientierten Interpretation die Türen geöffnet. Könnte nicht Dracula für das unterdrückte Es stehen, das Sigmund Freud nicht weit vom Balkan zur gleichen Zeit entschlüsselte? Hatte Freud nicht auch die Sexualität der Frau entdeckt? Und wimmelt es nicht von Wolfs- und Rattenmännern in dem Werk des Wiener Pioniers? Stoker mag einiges von Freud gewusst haben, sicherlich aber war ihm die Debatte um die Gefahr einer „Entartung" (*degeneration*) bekannt, die damals durch Europa ging, nachdem sie durch den ungarischen Arzt und Schriftsteller Max Nordau auf den Begriff gebracht worden war. Nordau (wie auch sein ungarischer Kollege Arminius Vámbéry) werden im Roman erwähnt, ebenso wie der Kriminologe Cesare Lombroso und andere Kapazitäten der Zeit. Neben diesen Ängsten, die sich auf einen biologisch-psychischen Zerfall richteten, trat zudem die Furcht vor einer Eroberung Großbritanniens durch eine kontinentale Macht, in erster Linie Deutschland. *Dracula* steht in einer Tradition der *invasion novel*, die seit dem Sieg Deutschlands über Frankreich 1871 die literarische Phantasie beflügelte. 1898 erschien H. G. Wells' Science-Fiction-Roman *The War of the Worlds*, in dem England und die Erde von kosmischen Vampiren, nämlich Marsianern, angegriffen werden, denn sie brauchen menschliches Blut zum

Überleben. Der Vampir und das Empire stehen zueinander in einer Hass-Liebe-Relation. Dracula ist äußerst anglophil, und doch stellt er eine geradezu epidemische Gefahr da. Westeuropa in Gestalt eines Niederländers, eines Amerikaners und dreier Briten versucht, die Gefahr einzudämmen mit den Mitteln der Technik und der Bürokratie. Zum ersten Mal in der Literatur wird der Einsatz von verschiedenen Medien wie Phonograph, Telegraph und Schreibmaschine geradezu als militärisch-technischer Komplex vorgeführt. Deshalb hat Friedrich Kittler (1993, S. 43) geschrieben: „Stokers *Dracula* ist gar kein Vampyrroman, sondern das Sachbuch unserer Bürokratisierung. Auch sie einen Horrorroman zu nennen steht jedem frei.“ Hinzu kommen allerdings die okkulten Kenntnisse des Abraham van Helsing, der in manchem nach Stoker modelliert ist, sowie das telepathisch empfängliche Gehirn von Mina. Mit diesem Medienverbund können sie den Grafen besiegen. In einem anderen möglichen Vorbild für *Dracula*, Jules Vernes in derselben Landschaft spielendem Roman *Das Karpatenschloss* (1892), steht die Technik auf der anderen Seite: Der Baron, der auf seinem Schloss mit Hilfe von Holographie und Phonograph die Illusion einer toten Sängerin heraufbeschwört, nutzt zugleich modernste Überwachungstechnik, um Schrecken in der dörflichen Umgebung zu verbreiten. Unten im Dorf wird aus der Technik jedoch wieder Aberglaube.

Stokers Kunst besteht in einer geschickten Mischung aus Fiktion und Dokumentation und aus der Collage unterschiedlicher Genres wie Tagebuch, Zeitung, Brief oder Protokoll. Dadurch wird der Eindruck des Authentischen gesteigert und zugleich eine Polyphonie erzeugt, die auch den Erfahrungen von Identitätsverlust Ausdruck verleiht: Es gibt genausowenig einen allwissenden Erzähler, wie es die Sicherheit gibt, dass Dracula besiegt wird. Denn die Protagonisten sind teils selbst von einem Zerstörungsfieber ergriffen oder, wie Mina, von Dracula befallen, so dass es naheliegt, eine Urverwandtschaft zwischen Vampir und Gegnern festzustellen. Ihr Kampf gegen Dracula ist auch ein Kampf gegen die eigene Verrohung und Verwilderung, doch führt paradoxerweise dieser gerechte Krieg zu genau diesen Ergebnissen. Als Wert ist immerhin festzuhalten: Nur einer solidarischen, ja internationalen Gemeinschaft kann es gelingen, das Böse zu besiegen – nenne man es nun Dracula, Hitler oder Bin Laden (dass der Texaner Quincey Morris am Ende im Dienste des Guten fällt, ist von manchen amerikanischen Patrioten als prophetisch gedeutet worden).

Der Kampf gegen die Barbarisierung aber ist ein Kampf gegen ein Millionen Jahre altes menschliches Erbe. Die Geschichte der Blutrituale in den Religionen und Stammeskulturen weist auf prähistorische Erfahrungen zurück, die mit der Beschwichtigung von Raubtieren zu tun hatte. Der Gott war eine Verkörperung des Raubtieres, dem geopfert werden musste, um der Gesellschaft einen Aufschub zu ermöglichen. Es ist denkbar, dass die Faszination für Dracula auf eine solche anthropologisch geformte Einstellung zurückgeht – der Angst vor dem Raubtier samt der Rituale, dieses eine Zeitlang ruhigzustellen. Lucy wird geopfert und Mina muss sich zum Teil opfern, damit die vier Männer mit der Frau zusammen das Raubtier schließlich stellen und töten können.

Man kann diesen Roman jedoch auch als eine Metafiktion lesen. Demnach handelt es sich bei den Untoten, die Dracula erschafft, um Wesen, die zwischen den Welten leben und mithin in einem ähnlichen Aggregatzustand befangen sind wie fiktionale Figuren. Der bissige Graf wäre dann der Autor, der fortwährend versucht, Figuren zu einem Scheinleben zu erwecken, und zwar mit Hilfe seines Mundes. Das Beißen wäre sowohl eine Urform des Sprechens als auch dessen Verneinung. Seine Gegner verkörpern in diesem Modell das in allen kreativen Prozessen vorhandene widerständige Prinzip, das sich solcher Fiktionalisierung entgegensetzt und versucht, die Herrschaft der Realität wiederherzustellen. Damit hätte Stoker nicht nur einen der gruseligsten und einflussreichsten Schauerromane geschrieben, sondern auch einige tiefe Dinge über das Schöpferische selbst ausgedrückt. Die Faszination von *Dracula* hat eben nicht nur ihre Wurzeln im Schrecken, den er verbreitet, sondern auch in der symbolischen und medialen Vielschichtigkeit des Romans.

Literatur

Alt, Peter-André: *Kafka und der Film. Über kinematographisches Erzählen.* München: C. H. Beck, 2009.

Auerbach, Nina: *Our Vampires, Ourselves.* Chicago: University of Chicago Press, 1995.

Borrmann, Norbert: *Vampirismus oder die Sehnsucht nach der Unsterblichkeit.* München: Diederichs Verlag, 1998.

Carter, Margaret L. (Hrsg.): *Dracula. The Vampire and the Critics.* Ann Arbor: University of Michigan Press, 1988.

Ehrenreich, Barbara: *Blutrituale. Ursprung und Geschichte der Lust am Krieg.* Reinbek bei Hamburg: Rowohlt, 1999.

Kittler, Friedrich: *Draculas Vermächtnis. Technische Schriften.* Leipzig: Reclam, 1993.

Kroner, Michael: *Dracula. Wahrheit, Mythos und Vampirgeschäft.* Heilbronn: Johannis Reeg Verlag, 2005.

Leatherdale, Clive: *Dracula. The Novel and the Legend.* Wellingborough (Northampshire): The Leisure Circle, 1985.

Murray, Paul: *From the Shadow of Dracula. A Life of Bram Stoker.* London: Jonathan Cape, 2004.

McNally, Raymond T. / Florescu, Radu: *In Search of Dracula. The History of Dracula and Vampires Completely Revised.* New York: Houghton Mifflin, 1994.

Ryan, Allan (Hrsg.): *The Penguin Book of Vampire Stories.* London: Penguin, 2010.

Schaub, Hagen: *Vampire. Dem Mythos auf der Spur.* Wiesbaden: marixverlag, 2011.
Schlesak, Dieter: *Vlad, der Todesfürst. Die Dracula-Korrektur.* Ludwigsburg: Pop Verlag, 2007.
- *Der Tod und der Teufel. Materialien zu Vlad, der Todesfürst* und *Die Dracula-Korrektur.* Ludwigsburg: Traian Pop, 2009.

Transsilvanische Rhapsodien: Siebenbürgen in der britischen Reiseliteratur

Landschaften existieren in einem Limbo, solange sie nicht durch einen künstlerischen Akt beschworen werden. Erst dann erhalten sie ihr ganzes Dasein und ihre sinnliche Präsenz. Gegen Ende des 19. Jahrhunderts ging man davon aus, dass die ganze Erde erkundet sei und nur noch wenige weiße Flecken enthielte. Joseph Conrad glaubte als Junge, einen solchen noch im Kongo entdecken zu können; dort wollte er also als Erwachsener hin. Doch die Enttäuschung ließ nicht lange auf sich warten. Auch der Kongo war inzwischen erfasst von den Händlern und Imperialisten. Und doch ist die Metapher von den weißen Flecken irreführend. Auch wenn Plätze und Orte, Regionen und Landschaften schon besetzt sind, etwa von kommerziellen oder politischen Interessen, so bleiben sie dennoch ‚weiß', nämlich unbekannt in anderer Hinsicht. Was der Kommerz sieht, ist ja nur die äußerste Oberfläche der Dinge und Menschen, deren Verwertbarkeit – so wie ein Möbelhändler, der, wenn er durch einen Wald geht, nur Bretter sieht. Erst der Blick auf die Verwebung von Kultur und Landschaft lässt diese entstehen mitsamt ihren Bewohnern. Genau dies gelang einem irischen Autor, der zudem nie einen Fuß in diese Landschaft setzte, mit dem Gebiet von Transsilvanien. Als solches, und nicht unter dem Namen Siebenbürgen, lässt es die Frommen im Westen bis heute erschauern.

Ich beginne also meine Reise auf den Spuren von britischen Autoren natürlich mit dem Erfinder Transsilvaniens: Bram Stoker (1847-1912). Es ist zunächst ein blutleeres, mentales Transsilvanien, zusammengesetzt aus literarischen Phantasien, einer verfälschten Legende und Reisebüchern. Doch der Ire hat dieses Papiermaché-Imperium derart mit Leben erfüllt, dass den meisten, die den Namen *Transsilvanien* hören, erst einmal das Wort *Blut* aufsteigt. Stoker hat die Karte entworfen für viele

25.8 14
Sibiu

künftige Reisen und sich dabei auf frühere Reisende bezogen. Rumänien war nur schwer auf den mentalen Atlanten der West- und Nordeuropäer aufzufinden, sofern sie nicht mit der österreichisch-ungarischen Monarchie verbandelt waren. In dieser Hinsicht gehört Stoker in die Kategorie der Bibliotheksabenteurer wie Karl May oder Jules Verne, die allesamt große Leser von historischen und geographischen Werken waren, mit denen sie ihre Phantasien ausstopften. Stoker ließ sich von dem ungarischen Reiseautor und Ethnographen Arminius Vámbéry unterrichten, er las Charles Boners *Transylvania, its products and its people* (1865).[1] Insbesondere bezog Stoker sich auf Schilderungen in Emily Gerards Buch *The Land Beyond the Forest* (1888), aus dem er Teile regelrecht plagiiert haben soll (vgl. Axinte) Gerard war als Frau eines britischen Militärattachés häufig im k.u.k.-Reich unterwegs und schrieb auch Romane mit lokaler Färbung. In ihrem Reisebuch über Transsilvanien sieht sie das Land als Nische in der Moderne, das sich noch der westlichen Beschleunigungsmaschinerie widersetze. Noch habe es etwa nicht die Dampfmaschine hereingelassen (Gerard 5).
Die alte Welt hier, mit ihren mittelalterlichen Kirchen, Wäldern und Bergen, den Ruinen von Wachtürmen, mit ihren geheimnisvollen Höhlen und alten Goldminen, mit alten Liedern und Legenden – diese Welt sei, wie sie sagt, bedroht durch das 19. Jahrhundert. Es ist ein „Geruch“, der sich hält:

> Like a subtle perfume evaporating under the rays of a burning sun, it is growing daily fainter and fainter, and all lovers of the past should hasten to collect this fleeting fragrance ere it be gone for ever. This is what I have endeavoured to do. (Gerard 6).

Sie schreibt viel über sächsische Sitten und Lebensformen, aber kritisiert die Verschlossenheit der Siebenbürger Sachsen nach außen hin (Gerard 59). Gerne vergleicht sie die Deutschsprachigen mit ihren rumänischen Nachbarn. Während die sächsi-

[1] Boner war zuvor bekannt geworden mit einem Buch über die Gemsenjagd in Bayern und Tirol.

schen Pfarrer (in der Regel) nüchtern seien, neigten ihre rumänischen Pendants zur Trunkenheit.
Weitere Bücher, die Stoker beeinflusst haben könnten, sind Andrew Crosses *Round About the Carpathians*, (1878) und James William Ozannes *Three Years in Romania*, (1878). Die Kunst des irischen Autors bestand nun darin, nicht nur eine spannende Geschichte zu weben, sondern auch einen Archetyp zu erschaffen, der das kollektive Unbewusste seiner Leserschaft in der ganzen Welt anzusprechen vermochte. Die Reiseliteratur bildet somit Hintergrund für ein singuläres Medienereignis.
Folklore und Atmosphäre kann Bram Stoker großartig beschwören, auch wenn ich sagen muss, dass mich der Borgo-Pass in der Realität etwas enttäuscht hat. Die Ausblicke sind schön, gerade im Morgennebel, aber das Unheimliche verbirgt sich eher in den Dracula-Attrappen, die hier den Reisenden in Hotels locken. In gewisser Weise hat Stoker einen weiteren Reisebericht geschrieben, eine imaginäre Fahrt, die aus anderen Reiseberichten zusammengebaut wurde. Fahrpläne jedenfalls sind für den Roman von entscheidender Bedeutung.
Stoker hatte möglicherweise durch seine irischen Vorfahren die richtige Sensibilität für Vampirgeschichten. Gerade Briten, oder besser Iren, haben das Genre immer weiter ausgebaut,– neben Stoker der Vorgänger Sheridan Le Fanu mit *Carmilla* (1872). Und dabei haben sie interessanterweise alles Vampirische nach Südosten verschoben: also Griechenland, Türkei, Kärnten oder Rumänien. Siebenbürgen nimmt in dieser Geographie bis heute einen zentralen Ort ein – dem Klischee nach handelt es sich um eine unheimliche, finstere, geheimnisvolle Landschaft, voller sadistischer und erotischer Mysterien. Ausgerechnet die Globalisierung hat zu diesem Bild beigetragen und es vertieft. Warum? Globalisierung stört sich wenig an den individuellen Realitäten von Ländern und Nationen, es geht ihr – personifizierend gesprochen – um eine Arbeitsteilung. Welches Land, welche Kultur in der Welt ist wofür zuständig?

Deutschland für Zuverlässigkeit und Sauerkraut, Frankreich für die Liebe und den Eiffelturm und Siebenbürgen/Rumänien eben für Vampire und Mysterium. Verkürzung oder Minderung von Komplexität vereinfacht das Leben in der groß gewordenen Welt und davon zehrt nicht nur der Reisende, sondern auch im kommerziellen Sinn das Land, die Kultur selbst. Von den Dracula-Tankstellen oder Unterhaltungsmeilen möchte ich gar nicht erst nicht reden.

Das Dracula-Rumänien schreibt sich ein in ein fiktionales Balkanreich, das in erster Linie von britischen Autoren besiedelt und bestellt wurde. Es stellte für den angelsächsischen Imperialismus eine Art inner-europäischer *frontier* dar, eine Grenze zum Orient, einen ungezähmten Randbereich, der selbst schon orientalische Züge trug. Es gab hier politische Aufgaben zu erledigen: Aufräumen, Klärung, Beendigung von Wirrnissen und politischen Unwägbarkeiten. Der Ausdruck „Balkanisierung" für eine fragmentarisch-uneinheitliche Welt wurde in dieser Zeit geprägt. Sicherlich dachte man auch, es hier mit untergeordneten, rückständigen Strukturen zu tun zu haben, die es zu ‚zivilisieren' galt, denn darin hatte man ja Erfahrungen in Indien oder Afrika gesammelt (vgl. Hammond). Schließlich bot der Balkan Gelegenheit, schlichte Abenteuerlust auszuleben in einer langweiliger werdenden modernen Alltagswelt, und das gleichsam vor der eigenen Haustür.

1894 erschien Anthony Hopes *The Prisoner of Zenda.* Darin lernen wir Ruritania kennen, eine fiktive Monarchie, in der britische Abenteurer mit Erfolg eingreifen, um die Rechtmäßigkeit der Herrschaft wieder herzustellen. Hopes Epigonen erfanden daraufhin entsprechend rückständige Länder wie Herzoslovakia, Vuchinia, Kravonia, Carpathia, Romanzia, Slavonia oder Silaria (Hammond 205). Die Reihe könnte heute fortgesetzt werden, denn nach dem Kommunismus schien der Balkan und der gesamte Osten in einen ähnlichen Zustand zurückzufallen. So haben wir denn Malcolm Bradburys *Why*

Come to Slaka (1986) oder das legendäre *Molvanîa* von Santo Citauro und Tom Gleisner (2003). In den 1930ern reisten Autoren wie Sacheverell Sitwell (1897-1988), ein Mitglied des literarischen Sitwell-Clans.[2] Sitwell reiste vier Wochen lang in ein Land, von dem er zuvor nichts wusste. Die meisten Briten assoziierten mit Rumänien Ölquellen und Trachtenkleider, wie er in der Einleitung zu seinem *Roumanian Journey* (1938) mitteilt. Edward Morgan Forster (1879-1970), der Autor von *A Passage to India*, besuchte 1932 in offizieller Mission Sibiu/Hermannstadt. Er beginnt seinen Zeitungsartikel über die Stadt mit einem Hinweis auf den Rattenfänger von Hameln und dessen Kinderschar, die in Siebenbürgen in einer Höhle herausgekommen sein soll. Diese Legende, die zu schön ist, um wahr zu sein, beflügelt bis heute britische Phantasien über Rumänien. Nicht zuletzt deshalb, weil schon in der viktorianischen Zeit ein längeres Gedicht von Robert Browning über den Rattenfänger die Geschichte aufgegriffen hatte.

> And I must not omit to say
> That in Transylvania there's a tribe
> Of alien people who ascribe
> The outlandish ways and dress
> On which their neighbours lay such stress,
> To their fathers and mothers having risen
> Out of some subterraneous prison
> Into which they were trepanned
> Long time ago in a mighty band
> Out of Hamelin town in Brunswick land,
> But how or why, they don't understand.
>
> (Browning 1842, Verse 290-99)

[2] Edith Sitwell (1887-1964), Lyrikerin und Essayistin; sie wurde bekannt mit ihrem Buch über *Englische Exzentriker* (1933). Der Bruder Osbert Sitwell (1892-1969) war ebenfalls Schriftsteller.

Der fremde Blick auf die deutschsprachige Kulturenklave in Rumänien befeuert Forsters Phantasie. Er entdeckt die merkwürdigen Dachfenster, die er die „Augen von Sibiu“ nennt, versetzt sich in die Türken, die die Stadt erstmals gesehen haben und einen Moment innegehalten haben müssen. Wie der Hinweis auf Brownings Gedicht auch zeigt, findet Forster etwas Deutsches, was deutscher ist, als Deutschland noch zu bieten hätte, ein von der Modernisierung verschontes Ensemble, wie es schon Emily Gerard entdeckt hatte. Briten als Vertreter einer schnell urbanisierten und industrialisierten Nation sind fortwährend auf der Suche nach einem verlorenen Mittelalter, einer verlorenen Ländlichkeit. Die Kultur scheint etwas Verlorenes zu verkörpern:

> Ich ging wieder in die Stadt hinauf. Es war nunmehr spät am Nachmittag. Alles war immer noch ordentlich und teutonisch. Die Festungswälle hatten sich in eine Promenade verwandelt, auf der ein Streichorchester Johannes Brahms spielte, mit einem [sic] Anmut und einer Würde, die unsere englischen Orchester für immer verloren haben. (Forster 104)

In dieser Tradition auf der Suche nach einer in den Wirren der Moderne verloren gegangenen mittelalterlich-ländlichen Kultur stehen britische Reiseautoren fast ständig. Insbesondere sind zwei Autoren der ersten Hälfte des 20. Jahrhunderts zu nennen: Walter Starkie und Patrick Leigh Fermor.

Der irische Autor, Komponist, Theatermann, Fiedelspieler und spätere Professor und Kulturvermittler Walter Starkie (1894-1976) zog nach dem Ersten Weltkrieg mit seiner Fiedel durch Italien, wo er mit vielen Menschen, unter anderem auch mit ungarischen Roma zusammen traf. Er musizierte mit ihnen und besorgte ihnen Holz für den Bau eigener Fiedeln. Einem, mit dem er sich anfreundete, versprach er, ihn eines Tages in

Ungarn zu besuchen. Sie schworen sich Blutsfreundschaft, und die schloss dieses Versprechen ein, das ihn noch lange belasten sollte, bis er es endlich einlöste. Über diese menschlichen Abenteuer schreibt er anschaulich, mit Humor und Poesie in seinem Reisebuch *Raggle-Taggle: Adventures with a Fiddle in Hungary and Romania* (1933). Es folgten weitere Bücher über die Begegnungen mit Zigeunern, vor allem in Spanien. Sein eigenes Vorbild in dieser Hinsicht war der walisische Reiseautor und Gelehrte George Borrow (1803-1881), dem wir eine Reihe von Büchern über das Leben und die Kultur der Zigeuner verdanken. Es ist interessant zu erfahren, dass der ursprünglich nomadische Musikant Walter Starkie später nicht nur das Dubliner Abbey Theatre und das British Institute in Madrid leiten, sondern schließlich auch als Professor für Komparatistik an der Universität von Los Angeles lehren sollte.

Mit acht Jahren las die spätere große Fahrrad-Reisende Dervla Murphy (Jg. 1931) William Starkies *Raggle Taggle*. Sie war sogleich hingerissen von dieser romantischen Welt, auch wenn sie vieles noch nicht verstand. Danach war es ihr innigster Wunsch, einmal nach Transsilvanien zu gehen, um die Zigeuner Starkies zu besuchen. Später las sie auch Patrick Leigh Fermor, dessen Werke sie in diesem Wunsch bestätigten. Von diesen imaginären Landkarten war die Irin zutiefst fasziniert. Rumänien/Transsilvanien war für sie eine Art „lost world“, eine verschollene, verlorene Welt. Noch auf dem Umschlag ihres Buches von 1992 heißt es: „one of Europe's least European countries“ (Verlag John Murray). Es reizte sie, ein Land zu erforschen, das kaum einzuordnen war zwischen Ost und West und eine Matrix aller Gefahren und Geheimnisse zu sein schien, eben weil es in keine Schublade passte. Nur aus einem solchen Phantasie- und Schwellenreich konnte einer wie Dracula kommen. Murphy stand damit in einer Tradition, die seit langem wirkte. 1919, als die Pariser Friedenskonferenz zur Neuordnung nach dem Weltkrieg stattfand, war der größte Teil der britischen Delegation nur noch verwirrt, als es um die Balkanpolitik ging. Lloyd George fragte irritiert: „Where the hell ist hat place [Transylvania] Rumania is so anxious to get?" (Murphy, ix). Noch 1950 beschrieb Murphy die Situation selbst so: „Transylvania, like Tibet and Central Asia, had sadly been written off as a Never-Never-Land." (xiii) *Transylvania and Beyond* heißt ihr Buch über die Radtour in Rumänien und steht in einer Reihe mit ihren anderen abenteuerlichen Reisen in Afrika, Sibirien oder Peru. Menschlich, humorvoll, mutig sind ihre Charakteristika und mit diesen Einstellungen gelingt es ihr, den Menschen näherzukommen und Exotik durch Neugier und Erlebnisse beizukommen.

Ein weiterer junger Brite sollte einen noch größeren Einfluss als Starkie auf die nachfolgende Reiseliteratur haben. Als 18-jähriger Wanderer brachte Patrick Leigh Fermor (1915-2011) Rumänien zurück auf die mentale Landkarte der Briten. Auf der Flucht vor einengenden Lebensformen ging Fermor 1933 zu Fuß von Holland bis nach Istanbul. Dabei zieht er nicht nur durch Nazi-Deutschland, sondern kommt auch durch Ungarn und Rumänien. Er schläft teils bei Hirten und in Scheunen, teils in Schlössern, zu denen ihm beste Kontakte den Zutritt verschafft haben. Überhaupt muss er ein großer Menschenfreund gewesen sein und dazu gehörte auch sein sprachliches Talent. Fermor war ungemein gebildet, zumindest als er die Reiseberichte über diese Wanderung im fortgeschrittenen Alter niederschrieb: *A Time of Gifts* (1977) und *Between the Woods and the Water* (1986) – der dritte Teil erschien erst nach seinem Tod. Sein Wortreichtum und sein kulturell-literarisches Wissen haben diese Werke zu Kultbüchern gemacht. Die Leser tauchen in untergegangene Welten ein, ähnlich wie bei Miklós Bánffy von Losoncz (1873-1950), der in seinen Romanen (zum Beispiel *Die Schrift in Flammen*) den Niedergang des ungarischen Adels in Siebenbürgen evoziert. Fermor war im Übrigen mit den Bánffys selbst befreundet und wohnte längere Zeit auf dem Schloss der Familie.

Allerdings gibt es auch Kritiker wie Hammond, die ihm eine gefällige Exotisierung der bereisten Kulturen ankreiden, eine altmodische Diktion und dazu den Einsatz vieler griechisch-slawischer Lehnwörter, die den Balkan von der westeuropäisch-englischen Wahrnehmung entfernen (205). Dennoch, für viele Leser ist Fermor der größte britische Reiseautor des 20. Jahrhunderts. Viele Mythen entspannen sich um den Briten, der ja auch im Zweiten Weltkrieg auf Kreta eine heldenhafte Rolle spielte, als er den dortigen deutschen Oberbefehlshaber entführte. Zum Mythos Fermor gehören seine ungeheure Bildung, seine Freundlichkeit und die Tatsache, dass er seine Notizbücher verlor und alles aus der Erinnerung rekonstruieren musste. Hinzu kommen viele Bücher über Reisen in der Karibik, sein Leben in Griechenland und über Aufenthalte in Klöstern. Mancher Autor ist in der Folge auf den Spuren Fermors durch Europa gereist. Bruce Chatwin, ein anderer britischer Kultautor der 1980er, verehrte Fermor und veranlasste, seine eigene Asche nach seinem Tod in der Nähe von Fermors Haus in Griechenland verstreuen zu lassen. Dies wiederum regte einen deutschen Reiseautor an, Fermors Route nachzugehen. Michael Obert legte Zeugnis davon ab in seinem Buch *Chatwins Guru und ich: Meine Suche nach Patrick Leigh Fermor* (2009). Wie Chatwin litt er vor Reiseantritt an einer Augenkrankheit und hoffte sich Heilung durch diese Pilgerfahrt. Schließlich traf er den alternden Fermor noch in seinem Haus an und auch den Augen ging es bald besser.

Die Briten kennen die Tradition des Nach-Reisens auf den Spuren berühmter Vorgänger.[3] Nick Hunt beschloss, 80 Jahre nach Fermor die Wanderung nachzumachen und schrieb *Walking the Woods and the Water* (2014). Rumänien und Siebenbürgen haben in der Zwischenzeit einen Krieg hinter sich, die Vernichtung der Juden, die Deportation der Sachsen, den

[3] Unter anderem reiste Richard Holmes R.L. Stevenson in den Cevennen nach und Beryl Bainbridge folgte J.B. Priestley auf ihrer Reise durch England.

Kommunismus mit der Securitate, eine Post-Ceauşescu-Zeit und die Aufnahme in die EU. Hunt wandert durch Siebenbürgen und stellt fest, dass aus Fermors Schlössern Waisenhäuser und Heilanstalten geworden sind. Er gerät in eine Welt von Ruinen, auch menschlicher Art. Der Sohn des ungarischen Adligen Tekeli, den Fermor besucht hatte, lebt nun als Alkoholiker in einem Bahnhofsgebäude. Hunt ist sich der Ambivalenzen der Modernisierung bewusst. Die EU hat eine Menge verändert, zum Besseren hin. Es gibt ordentliche Straßen und Menschen haben Hoffnung. Aber er klagt auch über die Homogenisierung des Lebens. Paradoxerweise hat die Modernisierung aber auch zu einer Rückkehr der Wildnis geführt. Am Ende wirft er Fermors Buch *Between the Woods and the Water*, das ihn bislang begleitete, in den Kazan-Stausee, in die versunkene Stadt darin, weil es hier selbst abbricht – so wie Prospero in Shakespeares *Sturm* sein Zauberbuch ins Wasser wirft und seinen Zauberstab zerbricht.

Ein anderes Leben in Rumänien führte William Blacker. Er beschrieb es in *Along the Enchanted Way: A Romanian Story* (2010). In den 1990ern kam er in das nördliche Transsilvanien und lebte dort mit den Bauern und Zigeunern. Diese Welt des Maramureş jenseits moderner Technik, mit ihren Pferdewagen und Schlitten, ihrem Aberglauben und ihren Sitten faszinierte ihn und seine Leser, wie aus enthusiastischen Rezensionen zu erkennen ist. Blacker stieß auf die Reste sächsischer Kultur, die sich bereits aufgelöst hatte. Er verfasste ein Manifest über diese untergehende Welt, das auch in die Hände von Prinz Charles geriet. Dieses Manifest dürfte ein Grund gewesen sein, dass sich der britische Thronfolger aktiv für Siebenbürgen zu engagieren begann. Seit 2012 ist ein sprunghafter Anstieg britischer Touristen in Rumänien zu verzeichnen. Es könnte sich um eine Wirkung der Reiseliteratur und der Arbeit des Prinzen vor Ort handeln. Siebenbürgen fasziniert die Briten auch heute noch aus den gleichen Gründen wie schon im 19.

MALM
KROG 27.8.14

Jahrhundert: Sie lieben diese ländlich-mittelalterliche Enklave innerhalb einer beschleunigten Welt, als Zuflucht vor der Verstädterung und einer gierig wachsenden Industrie- und Massengesellschaft.[4] Sie hören hier, wie manche andere Reisende, die leisen Töne einer verlorenen Welt.

Literatur

Adrian Axinte, „Dracula: Between Myth and Reality. http://web.stanford.edu/group/rsa/_content/_public/_htm/dracula.shtml (Zugriff 26.12. 2016)

Blacker, William. *Along the Enchanted Way: A Romanian Story,* London 2010.

Boner, Charles. *Transylvania, its products and its people*, London 1865.

Browning, Robert (1842). "The Pied Piper of Hamelin", London 1888. Volltext: http://www.indiana.edu/~librcsd/etext/piper/text.html (Zugriff 9.1. 2017)

Crosse, Andrew F. *Round About the Carpathians.* London 1878.

Fermor, Patrick Leigh. *A Time of Gifts. On Foot to Constantinople: From the Hook of Holland to the Middle Danube.* London 1977.

---. *Between the Woods and the Water*, London 1986.

Forster, E.M., „The Eyes of Sibiu", The Spectator, 25.6.1932, http://archive.spectator.co.uk/article/25th-june-1932/10/the-eyes-of-sibiu (Zugriff 9.1. 2017). Deutsche Übersetzung von Laura Balomiri: „Die Augen von Hermannstadt", in Laura Balomiri, Hg., *Europa Erlesen: Hermannstadt/Sibiu.* Klagenfurt 2008, 101-104.

[4] Auffällig sind die Covergestaltungen der meisten neueren Bücher über britische Rumänienreisen – von Fermor und Murphy bis Blacker und Hunt. Sie alle betonen mit ihren Pastellfarben und ländlichen Motiven diesen idyllischen Rückzugscharakter, den das Land anscheinend für britische und westeuropäische Leser hat oder der suggeriert werden soll.

Gerard, Emily. *The Land Beyond the Forest*, New York 1888.
Hammond, Andrew. *British Literature and the Balkans*, Amsterdam 2010.
Hunt, Nick. *Walking the Woods and the Water*, London 2014.
Murphy, Dervla. *Transylvania and Beyond,* London 1992.
Ozannes, James William. *Three Years in Romania*, London 1878.
Sitwell, Sacheverell. *Roumanian Journey*, London 1938.
Stoker. Bram. *Dracula*. London 1897.

Zuflucht in Transsilvanien. Prince Charles' Engagement im Siebenbürgen

Die alte Frau Dootz, die seit Jahrzehnten die Siebenbürger Kirchenburg wie ihren Augapfel hütet, ja, mit ihr verwachsen scheint, öffnet wieder einmal mit ihrem großen Schlüssel die Kirche von Deutsch-Weißkirch/Viscri und gibt kompetent und engagiert Auskunft über das Leben der Siebenbürger Sachsen, ihre Kirchentrachten und Sitten. Diese Märchengestalt aus einem anderen Jahrhundert erhält einmal im Jahr einen Anruf in deutscher Sprache mit englischem Akzent. Es ist ein Prinz, der ihr gratuliert, da sie beide am selben Tag Geburtstag feiern – kein anderer als der Prince of Wales. Allerdings verbindet ihn mehr als nur der Geburtstag mit der Sächsin aus Deutsch-Weißkirch. Sie und Prince Charles sind Teil eines Mythos (und der jährliche Anruf gehört möglicherweise dazu), der diesen Ort unweit von Braşov/Kronstadt umsponnen und zu dem wohl bekanntesten Dorf in Rumänien gemacht hat. Die Kirchenburg thront wie mancherorts in Siebenbürgen wie eine Henne über dem Dorf. Allerdings ist diese gut aufgestellt und leuchtet in der Sonne die Radfahrer und Fußgänger an, die sich ihr neugierig nähern. Das kann man nicht über alle Kirchenburgen mehr sagen, denn es fehlt oft an Menschen, die sich kümmern, so dass sie dem Verfall anheim gegeben sind. Die Siebenbürger Sachsen haben nach ihrem Exodus in den 1990ern schöne Orte zurückgelassen, die inzwischen nur teilweise wieder saniert wurden, oft mit Hilfe von Stiftungen oder der Evangelischen Kirche. Ohne solche Hilfe von außen und ohne die vielen Freiwilligen, die hier arbeitend die Sommer verbringen, und ohne solche Kirchenhüter wie Frau Dootz haben die Bauten wenig Chancen, noch länger zu überleben. Hier kommt nun Prinz Charles ins Spiel. Er ist ja nicht nur der ewig wartende Thronanwärter, sondern er ist auch bekannt geworden mit seinen Einsprüchen und Vorschlägen zu Ökologie, Landwirtschaft und Architektur. Manche mögen sich über die nostalgische Note aufregen, die darin mitschwingt. Doch ist Nachhaltigkeit oder umweltfreundliches Bauen, das Wiederbeleben von verlorenen Techniken und Traditionen im Handwerk heute, im Zeitalter einer radikalen Urbanisierung und technischen Modularisierung, mehr denn je gefragt – als Gegendosis. Jedenfalls könnte ein Prinz seine Zeit ganz anders vertrödeln; Protz- und Prügelprinzen gibt es ja genug. Charles hat sich zu einem wichtigen Impulsgeber entwickelt, über den man sich streiten, den man aber nicht ignorieren kann. Er gründete die Prince of Wales Foundation Romania, um Handwerk und Restaurierung mit einem Trainingzentrum zu unterstützen und ist schon länger Schirmherr des rumänisch-britischen Mihail-Eminescu-Trust, der unter anderem Dörfern bei einer traditionsgerechten Sanierung hilft. Rumänien, genauer gesagt Siebenbürgen, ist eine Art Refugium geworden für Prince Charles. Hier findet er Ruhe, Orientierung aus der Vergangenheit für die Zukunft, eine herrliche Landschaft und die Möglichkeiten, Akzente zu setzen gegen fortschreitende Industrialisierung und Enfremdung von der Natur. Oder, um es mit dem Titel seines letzten Buches zu sagen: *Harmonie.* Ob es ein richtiges Leben im falschen gibt, darüber muss er sich keine Gedanken machen, diese Frage überlässt er den Kulturkritikern.

Aber wie kam er eigentlich nach Rumänien? Es hängt zunächst einmal mit den adligen Stammbäumen zusammen, an denen auch dieser Spross wuchs, und die sich über ganz Europa ziehen. So stammte eine Ururgroßmutter aus Ungarn und ihr Grab bei Cluj/Klausenburg war ihm wichtig. Im Gefolge eines Besuches in Bukarest im Jahre 1998 – einer für ihn bekanntlich sehr schweren Zeit – vermittelte ihm die britische Schriftstellerin und Malerin Jessica Douglas-Home, die Rumänien noch zu Ceauşescus Zeiten kennengelernt hatte, eine Begegnung mit sächsisch-siebenbürgischen Freunden in dem Dorf

Meschen/Moşna. Douglas-Home war mit Sara Dootz aus Deutsch-Weißkirch befreundet und empfahl ihr und der kleinen Delegation nach Meschen zu kommen, und zwar in Trachten, die Haare so richtig „gebockelt“, wie Dootz in ihren mit Werner Schmitz verfassten Erinnerungen schreibt. Die Begegnung tat ihre Wirkung. Nachdem man dem Prinzen Geschenke überreicht hatte, die er höflich entgegennahm, zeigte man ihm ein Foto von diesem Deutsch-Weißkirch aus der Vogelperspektive. Das sieht schön aus, dieses Weißkirch, hat er gesagt, wo liegt es denn? Vielleicht würde er einmal vorbeikommen.

Jahre zuvor, 1992, hatte Douglas-Home mit einem anderen Rumänienfreund, William Blacker, ein Pamphlet über den Verfall der siebenbürgischen Dörfer und Burgen verbreitet. Der Prinz, immer interessiert an alten Traditionen und Bauten, hatte es bewegt gelesen. Im übrigen hatte er sich schon zu Ceauşescus Zeiten dafür eingesetzt, dass man diesem einen von der Krone 1978 verliehenen Ritterorden wieder aberkenne. An Rumänien lag ihm also schon lange etwas.

Ein weiterer Einfluss mögen die Reisebücher von Patrick Leigh Fermor (1915-2011) sein, mit dem er befreundet war. Der König der britischen Reiseliteratur hatte in den dreißiger Jahren eine Wanderung durch Europa unternommen und wunderbare Beschreibungen über den Balkan, insbesondere auch Ungarn und Rumänien, hinterlassen. Der sprachgewaltige und bildungsgesättigte Fermor hatte auf Schlössern ungarischer Adliger gewohnt und die Kirchenburgen gesehen, die damals noch von den Sachsen benutzt wurden. (Der Name „Sachse“ hat übrigens nichts mit dem heutigen Sachsen oder Niedersachsen zu tun; er war ein Oberbegriff für deutsche Siedler im Mittelalter, die dem Ruf des ungarischen Königs folgten und hauptsächlich aus dem Gebiet um den Niederrhein und Luxemburg kamen.)

Sara Dootz hat in ihrem bemerkenswerten Erinnerungsbuch *Mit der Sonne steh' ich auf* (2010, Ko-Autor Werner Schmitz) festgehalten, wie der englische Prinz sein Herz an Deutsch-Weißkirch und Siebenbürgen verloren hat. Einen guten Anteil daran hatte die Hühnersuppe, die sie ihm kochte, als er eines Tages tatsächlich in Deutsch-Weißkirch auftauchte – Douglas-Home hatte alle möglichen Fäden gezogen, um dies zu ermöglichen. 2002 wollte der Prinz das Grab seiner Ahnin bei Cluj besuchen; ein kurzer Besuch in Weißkirch schloss sich an, eigentlich auf eine knappe Stunde angelegt. Doch nachdem er mit seinem Gefolge über die schlechten Straßen herangerumpelt war, wurden daraus mehrere Stunden. Er schaute sich um, sprach mit den Dorfbewohnern und kostete die Speisen, die Frau Dootz für ihn angerichtet hatte. Er war bescheiden, „wie unsereiner", hat man gedacht. Auf dem Kirchturm war er nur kurz, er hatte Höhenschwindel. Zu Sara hat er gesagt: „Mein Deutsch ist schrecklich, aber wir können uns verstehen." Sie ertappte sich dabei, dass sie ihm aus Sympathie die Schulter streichelte. Er kam hernach öfter nach Weißkirch und Malmkrog/Mălâncrav, einem weiteren Sachsendorf in der Umgebung. Im letzteren unterstützte er die Mihail-Eminescu-Stiftung, die dort ein altes ungarisches Schloss sanierte und zu einem Gästehotel umbaute. Seine starke Hand in der Stiftung ist übrigens die Tochter von Frau Dootz, Caroline Ferolend, ohne deren Enthusiasmus und Kompetenz vieles nicht hätte realisiert werden können. In Deutsch-Weißkirch kaufte er ein Häuschen, gleich im Zentrum (inzwischen hat er es wieder abgegeben), vor dem nun die Touristen mit großen Augen stehen bleiben. Auf dem Weg zur Kirchenburg werden den Besuchern auch Filzpantoffeln und Decken, geschnitzte Löffel oder Hüte angeboten – alles von Roma hergestellt, die die traditionellen Techniken neu erlernten. Diese sind auch bei den Häusersanierungen im Sinne des Prinzen und der Stiftung entscheidend: altes Handwerk mit seinem Wissen über Materialien und Handarbeit, über Dauerhaftigkeit und Gründlichkeit, wird belebt und dient einer umweltgerechten Bebauung. Eine Ziegelei in der Umgebung von Deutsch-Weißkirch ist Teil dieses Projekts, so dass man die Ziegel nicht von weit her holen muss, sondern mit hier gebranntem Material arbeitet. Ein Höhepunkt war die Einweihung des ersten komplett ökologischen Klärsystems Rumäniens durch Charles im Jahre 2011. Nach vorsichtigen Berechnungen hat der Trust das Leben von mindestens 200 Menschen verbessert.

Für Frau Dootz aber ist der Prinz wie ein Sohn, sie gibt ihm auch gerne ein selbstgebranntes Schnäpschen mit, „der dich nicht zu Schanden macht." Einen sächsischen Kirchenpelz, mit dem die Siebenbürger Herren einst im Winter zur Kirche gingen, haben sie ihm geschenkt, denn so einen wollte er gern haben, und auch den Kirchenrock des verstorbenen Herrn Dootz. Im Weißkircher Garten stehen schon Kastanien aus des Prinzen Park; im Gegenzug gab man ihm Mispelbäumchen aus Weißkirch mit. Einmal haben sie vor seinem Haus mit einem Chor gesungen, abends, und er ist hinausgetreten, in voller prinzlicher Uniform, mit allen erdenklichen Orden geschmückt, und da kamen ihm wohl Tränen der Rührung. „Er hat einen guten Kern," sagt Frau Dootz, „der ist nicht überwachsen." Und sie fragt sich, ob seine Mama ihn eigentlich schon einmal gestreichelt habe und ob er vielleicht nicht ins richtige Nest gefallen sei?

Siebenbürgen ist also so etwas wie ein Seelenraum für diesen Prinzen von Wales, in den er sich zurückziehen kann, in dem ihm Natur und Menschen freundlich gesonnen sind. Selbst in Bezug auf *Dracula* kann der Prinz von Wales Punkte sammeln. Auf seinen Besuchen erzählt er gerne, dass er über eine Urgroßmutter mit dem Halbbruder von Vlad Ţepeş, dem Pfähler, verwandt sei, und fügt gern grinsend hinzu: „There's Transylvania in my blood …" oder ähnliche Anspielungen auf seine Verbindungen zu diesem Landstrich. Nicht zu vergessen,

dass eine Enkelin der Königin Victoria, Marie Princess of Edinburgh, den König von Rumänien, Ferdinand I., heiratete und das Land nach dem Ersten Weltkrieg regierte – eine von den Rumänen sehr verehrte Verwandte, die zudem Autorin zahlreicher Bücher war. Ihre Lebenserinnerungen wurden von Moses Rosenkranz zu einem beliebten Buch umgeschrieben. (Auch ihre Vorgängerin, die Frau des ersten Königs Carol I., wurde unter dem Namen Carmen Sylva als Dichterin bekannt).
Wie Dracula ist inzwischen auch der Prinz Teil des Mythos Transsilvaniens, zumindest für dessen Bewohner, bei denen er hohe Achtung und Sympathie genießt. Die Gangbarmachung des Landes für einen sanften Tourismus, für den sich der Prinz mit seiner Stiftung einsetzt, ist natürlich ambivalent. Nach Murphys Law wird möglicherweise genau das eintreten, wogegen man ursprünglich gekämpft hat: Verwestlichung und Modernisierung Hand in Hand mit einer Musealisierung des alten Siebenbürgen. Immerhin konnte die Stiftung dazu beitragen, dass vor einigen Jahren das Projekt eines Dracula-Parks in der Nähe von Sighişoara verhindert werden konnte. Auch hat man dem Prinzen vorgeworfen, er interessiere sich nur für die Sachsen und Siebenbürgen. Dem ist aber nicht so. Das zur Ukraine hin gelegene Maramureş-Gebiet etwa wird ebenfalls von der Mihail-Eminescu-Stiftung mit Projekten unterstützt, insgesamt werden 20 Dörfer einbezogen. Der Prinz, der auf der Suche nach Harmonie, nach dem besseren Leben im falschen ist, wird immer einen sehr engen, schwierigen Pfad beschreiten müssen.
Wie im Märchen ist auch dieser Prinz auf der Suche nach dem Geheimnis, das Heilung bringt, ein Heilkraut gegen das Burnout des Nordens, die Verstädterung und Entfremdung.
Antworten auf die Krisen der Moderne sind nie einfach; aber es ist ihm hoch anzurechnen, dass er sie sucht, diese Signale an die industrialisierte Welt. Dass dabei Rumänien ins Licht der Aufmerksamkeit gerückt ist, hilft auch, Vorurteile West- und Nordeuropas gegen dieses Land zu revidieren.

Literatur

Werner Schmitz, Sarah Dootz: *Mit der Sonne steh' ich auf. Eine Bäuerin aus Siebenbürgen erzählt aus ihrem Leben.* Münster: Landwirtschaftsverlag 2010.

Literarische Funde

Unterbrochene Reise. Patrick Leigh Fermor unterwegs in Rumänien und auf dem Balkan

Selten haben Leser so lange auf den dritten Band einer Trilogie gewartet. Die ersten beiden Teile des Berichtes über eine legendäre Wanderung, die in den 1930ern stattfand, erschienen 1977 und 1986, dann kam eine große Pause. Inzwischen errangen die ersten beiden Bände *A Time of Gifts* und *Between the Woods and the Water* (dt. *Die Zeit der Gaben* und *Zwischen Wäldern und Wasser*) in den nächsten Jahrzehnten einen Kultstatus vor allem in Großbritannien – aber auch, dank neuer und guter Übersetzungen, im deutschsprachigen Raum. Ihr Verfasser Patrick Leigh Fermor (1915-2011) wird heute als einer der größten britischen Reiseautoren des 20. Jahrhunderts angesehen, der über die Karibik ebenso geschrieben hat wie über das Leben in Klöstern, insbesondere aber sich einen Namen mit Büchern über Griechenland und den Balkan machte. Zur Ikone wurde er jedoch aufgrund einer verrückten Fußwanderung, die ihn quer durch Europa führte, von den Niederlanden bis in die Türkei. Am 8. Dezember 1933 bestieg der 18-jährige Brite ein Schiff, das ihn nach Hoek van Holland brachte. Von dort wollte er nach Konstantinopel, das sich gerade in Istanbul umbenannt hatte, wandern. Ein Jahr lang bewegte er sich meist zu Fuß durch ein Deutschland im Hitlerrausch, durch Österreich, Ungarn, Rumänien und Bulgarien – alles Länder, in denen es politisch nur so brodelte. Durch seine offene Art machte er sich viele Freunde, fand fast immer kostenlose Aufnahme und Gastfreundschaft, ob bei Hirten oder Aristokraten, in Schäferhütten oder Schlössern. Auch Nazis in Deutschland konnten gastfreundlich sein, doch ergaben sich schnell Differenzen, da Fermor ihren Judenhass verabscheute. Empfehlungsschreiben führten ihn von adligen Häusern in andere adlige Häuser, insbesondere in Ungarn und Siebenbürgen, wo er Zeuge einer versinkenden aristokratischen

Kultur wurde. Seine Beschreibungen sind von einer dichten Sprache, kunsthistorisch und geschichtlich gesättigt zwar, aber doch poetisch und sehr anschaulich. Entdeckungen und Erkenntnisse gehen Hand in Hand. So findet er in süddeutscher Architektur einen eigenartigen Stil, den er in autodidaktischer Frische „Landsknechtformel“ nennt: diese merkwürdigen Schnörkel, Erker und Schleifen, Federhüte und Fraktur, die sich in Bauten und Schriften gleichermaßen finden.
Seine Gefühle blendet er nicht aus, er ist schockiert, sentimental, ironisch und liebevoll oder empört. Seine literarische Bildung, die nicht insulär-britisch geblieben ist, macht dem kontinentalen Leser Freude, ebenso seine Vielsprachigkeit. Mit seinen jungen Jahren sprach er schon Deutsch, Französisch, etwas Rumänisch, Bulgarisch und Griechisch. Und es kommt immer wieder zu kürzeren oder längeren Liebesbegegnungen; traurige Abschiede sind vorprogrammiert.
Die Fußreise hatte auch einen handfesten psychischen Grund: Fermor war mehrmals von der Schule geflogen, ein akademischer Flop folgte dem anderen. Eine Karriere als Verkäufer von Seidenstrümpfen endete ebenfalls abrupt. Er wollte auch nicht in die Armee und so wusste der junge Bohemien, der nebenbei schrieb, nicht, was aus ihm werden sollte – noch weniger wusste dies seine Familie und sie ließ es ihn wissen. Was gab es da Besseres, als in der Figur des Taugenichts in die Welt zu ziehen. Zumindest würde er etwas zu schreiben haben. Doch das Schreiben über diese Reise kam erst später. Jahrzehnte vergingen, bevor er aus zum Teil wiedergefundenen Notizen, zum Teil aus Erinnerung und Konstruktion, die Reise neu erfand und beschrieb. Das gilt schon für die ersten beiden Bände. So wissen wir von einem Zeugen, dass Fermor eine bestimmte Autofahrt durch Transsilvanien erfunden hat, weil er noch Dinge über dieses Land sagen wollte.
Eine Erinnerungsarbeit besonderer Art stellt daher der dritte Band dar, der von dem bekannten britischen Reiseautor Colin

Thubron und Fermors Biographin Artemis Cooper zusammengestellt wurde. Sie fanden heraus, dass gerade der lang erwartete letzte Teil, also die Reise vom Eisernen Tor nach Konstantinopel, zuerst geschrieben worden war. Aus einem Zeitungsartikel wurde ein Buchmanuskript mit dem Arbeitstitel „A Youthful Journey". Es blieb in der Schublade bis in die 1960er Jahre. Beim Überarbeiten bemerkte Fermor, dass es so nicht gehe und er die ganze Reise von Anfang an, wieder aufrollen müsse. Das tat er in den nächsten 15 Jahren und so entstanden die publizierten ersten beiden Bände. Der Erfolg verdammte ihn dazu, den dritten Teil nachzureichen – es gelang ihm nicht. Dass er nun doch vorliegt, verdanken wir einer früheren großen Liebe Fermors, einer rumänischen Prinzessin. Nach seiner Ankunft in Konstantinopel Anfang 1935 begab er sich erstmal nach Rumänien zurück, wo er vier Jahre mit Prinzessin Balasha Cantacuzène, zusammenlebte. 1939 musste er in den Krieg ziehen (als Mitglied eines Spezialkommandos nahm er teil an der spektakulären Entführung des Oberbefehlshabers der deutschen Truppen auf Kreta, was später auch verfilmt wurde (*Ill Met By Moonlight*, 1957)). Erst 1965 besuchte Fermor heimlich seine alte Liebe wieder in Rumänien. Die Prinzessin war 1949 von ihrem Grundbesitz vertrieben worden, doch hatte sie in all der Eile nicht vergessen, ein Geschenk von Fermor einzupacken: den letzten Teil seines Tagebuches, in dem er nicht nur das Ende der Wanderung beschrieb, sondern auch die Jahre danach. Das Tagebuch ging mit Fermor nach Griechenland, wo er nun wohnte, doch er arbeitete es nicht in ein Buch um. 2008 fand seine Biographin Cooper ein Typoskript von „Youthful Journey". All dieses Material findet sich nun, teils von Fermor selbst, teils von den Herausgebern bearbeitet, wieder. Es fügt sich zu einer spannend lesbaren Geschichte zusammen, die am Eisernen Tor an der rumänisch-serbischen Grenze beginnt und mit einem Besuch auf dem Berg Athos endet.

Mehrmals beschäftigt sich das Manuskript mit der Frage des Gedächtnisses. Mehrere Notizbücher hatte Fermor verloren, sein Rucksack wurde in München gestohlen. So bleiben manchmal nur zerfledderte Landkarten und Daten mit Namen oder die Erinnerung an Festtage oder politische Ereignisse (die Ermordung des serbischen Königs Alexander), die dem Fluss der Bilder Halt geben. Es war ihm auch eine Aufgabe der Konzentration, denn wenn er sich auf Lücken konzentrierte, stiegen Mosaikteile an die Oberfläche und rundeten ein Bild ab. Möglich, dass durch die erste Notation schon einiges ins Gedächtnis sank: „Der Klang einer Stimme, Lichteffekte, Teile von Landschaften und Trachten […] Gebirgszüge, Warzen, Wimpern, Goldzähne, Narben, Gerüche, die Einrichtung eines Zimmers, eine Liedzeile" (104). Fermors Gedächtnis muss phänomenal gewesen sein, Täuschungen und Verzerrungen eingerechnet. Er hatte einen Riesenschatz an auswendig gelernter Poesie und Liedern, mit denen er immer wieder seine Gastgeber erfreuen konnte. Seine „Archäologie des eigenen Lebens" erinnert ihn selbst an Prousts Erfahrung mit der Madeleine (208).

Der hier vorgelegte dritte Teil ist trotz aller Zeitverschiebung und Bearbeitung so frisch wie es die ersten beiden Bände waren. Der Weg führt ihn vom Eisernen Tor nach Bulgarien, dann wieder nach Rumänien (Bukarest) und schließlich nach Warna. Zum Schluss kommt eine Wanderung auf dem Berg Athos. Wie ein Déjà-vu erinnern Passagen an die früheren Wanderungen – mit all ihren überraschenden Begegnungen. Die Gastfreundlichkeit, das wird aus Fermors Reiseberichten deutlich, ist zumindest in diesen Jahrzehnten noch überall anzutreffen – von Deutschland bis Bulgarien (mit einigen Ausnahmen). In Bukarest taucht er wieder in eine mondäne Atmosphäre ein, in das Paris des Balkans, mit seinen Nachtclubs und Dandys, mit den Gelehrten und Gebildeten, den Caféhäusern und ihren Intellektuellen. Eine Zeitlang wohnt er in einem fröhlichen Freudenhaus, das von einer Gagausin aus der Dobrudscha geleitet wird, einer Nachfahrin „kumanischer Eroberer, mit Tataren durchsetzt." (223) Nach anstrengenden Tagen in der bulgarischen Wildnis tut ihm die Stadt, „ein Irrgarten aus Pfützen" (211) merklich gut, denn er selbst hat einen urbanen Zug. Er liebt Kultur und kann nächtelang durchfeiern, er kann aber auch mit einfachen Leuten tanzen und singen. Manchmal gerät er bei seinen Wanderungen an den Rand seiner physischen Kräfte und wird in letzter Minute gerettet. Dann reibt man ihn ein, wärmt und füttert ihn, bis er wieder zu Kräften kommt. Herrlich poetische Beschreibungen widmet er einem Vogelzug, einem archaischen Tanz in einer Hirtenhöhle oder dem Gesang eines Muezzin. Doch verweilt er nicht bei Beschreibungen, sondern bohrt gerne historisch weiter: woher mögen diese Tänze wohl kommen, wie mag dieses Wort gewandert sein, inwiefern spiegeln die Trachten nomadische Erinnerungen wider? Es ist der genaue Blick für das Detail, der ihn auszeichnet, und der undenkbar wäre ohne eine grenzenlose Faszination für – alles. Er hielt sich für „unlangweilbar", wie ein unsinkbares Schiff.

Auf seiner Wanderung verliebt er sich und schließt Freundschaften, manche für ein Leben. Als Brite hat er meist gute Karten; man diskutiert gerne über Politik und Geschichte. Der gegenseitige Hass von Ethnien, die er beide mag, nämlich Griechen und Bulgaren, verstört ihn. Immer wieder stößt er auf jahrhundertealte ethnische Missgunst, ein menschliches Karma, das sich auf dem Balkan, auch mit Hilfe von Großmächten, besonders schlimm entfaltet. Rumänien interessierte ihn wohl am meisten: „Alles, was mit Rumänien zu tun hatte, zog mich in einen rätselhaften, mächtigen Bann." (237) So verschlang er Seton-Watsons gesamte Geschichte Rumäniens, las Autorinnen wie Prinzessin Marthe Bibesco oder die Gedichte eines Eminescu, Alexandri oder Octavian Goga oder die Prosa eines Panait Istrati.

Die heimliche Heldin dieses Buches, das man gleich nach Beendigung der Lektüre wieder von vorne lesen möchte, ist aber die Donau: „Seit jenem ersten schmalen Rinnsal in Ulm hatte ich den großen Strom so oft gesehen, dass es mir vorkam, als sei ich selbst ein Teil von ihm geworden." (181) Die hypnotische Kraft, die Fermors Bücher mit der Donau teilen, hat einen weiteren Strom erschaffen – jenen der Pilger und Leser, die seinen Spuren nachgereist sind.

Patrick Leigh Fermor, *Die unterbrochene Reise. Vom Eisernen Tor zum Berg Athos.* Der Reise dritter Teil. Aus dem Englischen von Manfred und Gabriele Allié. Hrsg. von Colin Thubron und Artemis Cooper. Zürich: Dörlemann 2013.

Mit freundlicher Genehmigung des Instituts für deutsche Kultur und Geschichte Südosteuropas an der Ludwig-Maximilians-Universität München und des Verlags Friedrich Pustet.

Schäbiges Schmuckkästchen. Noémi Kiss reist durch den Osten Europas

Anders als bei Reisen in Westeuropa hat man in der osteuropäischen Welt immer das Gefühl, in wunde Gebiete zu fahren, die bis heute von der grausamen Geschichte und Politik des 20. Jahrhunderts und früherer Zeiten durchfurcht sind, furchtbar im wörtlichen Sinn. *Bloodlands*, Phantomländer, in denen wir nicht wissen, ob die Demokratie wirklich angekommen ist, in denen archaische Sitten herrschen neben EU-Normen, und Denkmäler aus sowjetischer Zeit neben solchen von Johannes Paul II. stehen. Noémi Kiss, die derzeit bekannteste ungarische Autorin, hat sich immer wieder auf solche Reisen gemacht. Sie reichen, wie der Untertitel anzeigt, von Galizien bis Siebenbürgen, von Polen und der Ukraine bis zurück nach Ungarn. Wie weit es richtig ist, diese Landschaften unter der Rubrik „Osteuropa" einzuordnen, bleibt strittig. Einer der geographischen Mittelpunkte Europas liegt immerhin in der Ukraine und Europa reicht bis zum Ural. Die ungarische Originalausgabe (*Rongoyos ékszerdoboz, Utazások keleten*, Budapest, Magvetö-Verlag, 2009) ist für die deutsche Übersetzung aktualisiert worden. So wird im letzten Kapitel über eine Reise nach Polen und Galizien im Sommer 2014 berichtet, eine Zeit, in der der Krieg der Ukraine schon begonnen hat.

Paradoxie und Polarität kennzeichnen die Erfahrungen, die die Autorin in den Ländern des ehemaligen Ostblocks macht. Man könnte auf das Umschlagbild verweisen: Dort sieht man nach unten hin die gespiegelten oberen Dächer und Mansarden der k.u.k.-Architektur, vielleicht Lembergs, nicht aber das, was diese Spiegelungen im Wasser erzeugt. Auf den Umschlaginnenseiten starrt uns eine Karte der politischen Markierungen vom Ende des 19. Jahrhunderts an (dem *Neuen Volkschul-Atlas über alle Theile der Welt* entnommen). Dort liegt Budapest im Zentrum eines alten Ungarn, das Siebenbürgen und den Banat

enthält und überhaupt groß und mittig gelegen den Balkan dominiert. Damit soll wohl die Folie angedeutet werden, die in das heutige Erleben hineinwirkt: alte Phantasien von Großmacht, substanzlose Spiegelungen der Vergangenheit, Abgleiten aus der Realität, habsburgische Entrückungen.
Noémi Kiss ist mal mit einer Gruppe unterwegs, die sich die ethnologische Beobachtung zur Aufgabe gestellt hat, mal mit Freundinnen oder einem DJ. Das hat den Vorteil, dass sie mit ihren Erlebnissen nie auf sich zurückgeworfen wird, sondern sich alle immer wieder verständigen müssen. Überhaupt erweitert sich der Erlebnishorizont, denn jeder bringt etwas mit von eigenen Erkundungen und Begegnungen. Vielleicht traut man sich auch mehr als Gruppe oder Grüppchen. Etwa, wenn eine Freundin den Kellner im serbischen Palić so anmacht, dass sie ihn am Ende daran hindern müssen, die Hosen herunterzuziehen. Oder die Heiratsanträge, die hartnäckig an die Reisenden herangetragen werden – da gilt es, sich auszutauschen oder gegenseitig in Schutz zu nehmen.
Immer wieder sind es die Bukowina und Galizien, die die Autorin gefangen nehmen, locken und schwer verstören. Es sind vielleicht die blutigsten und wechselhaftesten Gebiete, die sie durchfährt. Das „Land der Buchenwälder", wie eine Übersetzung lautet, ist zunächst einmal Buchland: „[I]ch will dem nachgehen, was ich aus den Büchern so gut kenne." (9) Welche Bücher sind es, die ihre Reisen vorantreiben? An erster Stelle Paul Celan, dessen „Entwurf einer Landschaft" als Motto voransteht; aber auch Gregor von Rezzoris *Denkwürdigkeiten eines Antisemiten*, Bruno Schulz' *Die Zimtläden* oder Andrzej Stasiuks *Die Welt hinter Dukla.* Erinnerungen an diese Bücher und Texte tauchen traumartig in ihren eigenen Erlebnissen wieder auf, sie sind Schlüssel zu einer verrückten Welt, die manchmal an Alices Wunderland erinnert. Eine Welt, die vor allem viele verschiedene Namen trägt und damit die Volksschulkarte im Innenteil Lügen straft. Das Glossar am Ende des

Buches, das die Orts- und Flussnamen auf Rumänisch, Ungarisch, Deutsch, Ukrainisch, Slowakisch oder Serbisch wiedergibt, könnte auch dem linguistischen Traum eines Finnegan in Joyces *Finnegans Wake* entstammen. Die erste Reise in die Bukowina ist kaum greifbar, es bleibt nur ein Geruch zurück von einer anderen Welt. Denn die neue Bukowina hat die vielsprachige, multikulturelle Welt der Donaumonarchie abgelöst (22f.).

Das rumänische Siebenbürgen dagegen steht unter dem Zeichen der EU. Man trägt T-Shirts mit „I love Europe". Plattenbauten der kommunistischen Zeit erscheinen wie Grabsteine (34), die Bronzeskulptur eines turnenden Mädchens erinnert an die von einer Diktatur getriebenen olympischen Turn-Wunder und wie sehr sie zu Gefangenen ihrer eigenen Körper wurden (35). Rumänien ist eine Baustelle, viele unfertige Gebäude säumen die Straßen. Sachsen gibt es kaum noch, außer einigen ganz Alten, die zurückblieben, und einigen ganz Neuen, die wiedergekommen sind. Aber das Sächsische lebt in anderen fort: in jener „Art von Rumänen, deren Seele sächsisch ist. Und wenn sie sächsisch ist, dann eigentlich luxemburgisch." (39) Als sie Terra Saxonum betreten, wird die Haltung der Reisenden irgendwie aufrechter (44). Renaults und Dacias sind nun in der Minderzahl, stattdessen BMWs und Volkswagen: „Eine geschmacklose und provinzielle kleine Schweiz!" (44) Sibiu scheint ihr aus Pappe geschnitten zu sein, so präzise ist es saniert: EU-Toiletten, EU-Café, EU-Waschbecken. Da gefällt ihr die *Lügenbrücke* noch am besten (etymologisch leider nur eine „Liegebrücke").

Die verlorene jüdische Kultur, in Czernowitz und in Galizien überhaupt, zieht sie immer wieder an. Das Schicksal der Deportierten und Vergasten, aber auch die Chassidim in den Wäldern, die „Waldjuden". Die Friedhöfe, mal überwachsen, mal gepflegt, erweisen sich als Enzyklopädien des Verlustes, als riesige Bibliotheken der Vergangenheit. „Diese Friedhöfe verströmen die gemäßigte, angespannte, düstere Ruhe einer entschwundenen Zeit." (167) Auch nach Lemberg kehrt sie öfter zurück, eine Stadt wie ein Palimpsest, mal polnisch, armenisch, ruthenisch, mal sowjetisch, mal österreichisch und anderes. Deutlich erkennt man die Überlagerungen in den bereisten Ländern an ihren Denkmälern. Die größte Statue des polnischen Romantikers Adam Mickiewicz steht in einer ukrainischen Stadt, die nicht nur Lemberg, sondern auch Leopolis, Lwów oder Ilyvó hieß und heute Lwiw buchstabiert wird. Das Denkmal dient heute als Treffpunkt von Junkies und Dealern. Die Skulptur des ukrainischen Nationaldichters Taras Schewtschenko zeigt eher einen „siegreichen Diktator als einen Dichter". (74) Sein Mantel diente den Opfern des Weltkriegs, aber auch der Markierung des sowjetischen Imperiums. Den Palićer Olympioniken Lajos Vermes streicheln die Reisenden, auch er fungiert als Denkmal. Die Beispiele zeigen, wie durchsetzt die Erinnerungskultur in den befahrenen Landstrichen ist – ein Neben- und Übereinander von Ideologien und Idealen, von Abgehalftertem und gegenwärtig Hypnotisierendem und Gedächtnislücken. So ist es kein Wunder, dass sie einmal auf Hermann Bausingers Begriff der „parallelen Ungleichzeitigkeit" zurückgreift (94), um all die Ruinen und die Zukunftswiesen, EU-Glitzer und Pferdewagen in eine Reihe zu bekommen. Man merkt der Autorin an solchen Stellen die Studienjahre in Konstanz an. (Vor Bausinger hat allerdings schon Ernst Bloch den Begriff der Ungleichzeitigkeit benutzt.) Das Buch ist sicherlich kein Reiseführer, sondern eher eine Sammlung von Momentaufnahmen aus einer unruhigen Landschaft, über die jederzeit wieder ein Gewitter ausbrechen kann. Die ethnischen und politischen Konflikte sind längst nicht verschwunden, sondern höchstens eine Zeitlang unter den Teppich gekehrt – wenn überhaupt, wie das Beispiel Ukraine zeigt. Viele der Orte, die Kiss besucht, erinnern in ihrer Beschreibung an die Städte, die ein phantasievoller Marco Polo einem alternden Kubla Khan erzählt – in Italo Calvinos *Die unsichtbaren Städte*. Czernowitz ist die „versteckteste Stadt der Welt“ (48) und in Palić ist „alles Sand“ (130). Nicht immer wissen wir, ob wir den Grenzfluss zum Imaginären schon überschritten haben.

Das Flimmern des Realen in diesem Buch führt dazu, dass man bis auf Ausnahmen – etwa die Geschichte der Siebenbürger Sachsen – wenig über Hintergründe erfährt. Wer war dieser Bruno Schulz, was war der Glaube der Chassidim? Dazu muss man sich wohl anderwärts umtun. Vielleicht hätte solche Information den Lese- und Eindrucksfluss gestört, überhaupt die Rolle der Erzählerin komplizierter gemacht. Dafür werden wir belohnt mit poetisch gefassten Eindrücken, sinnlichen Episoden und krassen Begegnungen, post-post-kommunistische Melancholie und Ironie in einem.

Noémi Kiss. *Schäbiges Schmuckkästchen. Reisen in den Osten Europas. Bukowina – Czernowitz – Galizien – Gödöllő – Lemberg – Siebenbürgen – Vojvodina.* Berlin: Europa Verlag 2015.

Der Märchensammler aus Siebenbürgen
Leben und Werk von Josef Haltrich

Diese Märchen aus Siebenbürgen sind etwas Besonderes. Sie entstammen einer einst gelebten, jetzt mehr und mehr sich verlierenden Kultur. Es ist eine deutschsprachige Region im tiefen Südosten Europas, die sich über 800 Jahre dort gehalten hat, bis sie sich binnen Kurzem, innerhalb von ein, zwei Jahrzehnten aufzulösen drohte. Das geschah, als das rumänisch-kommunistische Regime 1989 zusammenbrach und eine massenhafte Ausreise zur Folge hatte. Fast alle der sogenannten Sachsen Siebenbürgens zogen in die Bundesrepublik. Inzwischen kommen viele, meist im Sommer, zurück und erinnern sich mit Wehmut an die alten Tage, wissen oft nicht, ob sie froh sein sollen, denselbigen entronnen zu sein. Sie halten die alte Kultur aufrecht mit Tänzen, die inzwischen oft von jungen Rumänen getanzt werden, und Volkstreffen, mit Publikationen, Kochspezialitäten und Mundartaufführungen. Manchmal sieht man auch den gebürtigen Siebenbürger Peter Maffay bei diesen Veranstaltungen.
Auf gut 800 Jahre Geschichte können die Nachkommen einer Einwanderung zurückblicken, die mit den Kreuzzügen begann. Gezielt wurden sodann Siedler aus dem Maas-Mosel-Gebiet, aus Flandern, Köln, Trier und dem heutigen Luxemburg angeworben. Sie ließen sich zunächst um Hermannstadt/Sibiu, später in anderen Bereichen des Karpatenbogens nieder, die heute Transsilvanien heißen. Der ungarische König Andreas II. gab den deutschsprachigen Siedlern, die Sachsen genannt wurden, im Jahre 1224 bedeutende Privilegien, die sie bis zuletzt behaupteten und die die Grundlage ihres (relativen) Wohlstandes bedeuteten. In diesen acht Jahrhunderten legten sie großen Wert auf Tradition und Identität, was auch Abgrenzung zu anderen Ethnien einschloss. Sie bildeten eine Welt für sich, die allerdings immer wieder aufgebrochen und bedroht

wurde, vor allem durch die osmanischen Invasionen. Der Schutz gegen diese wiederum führte zu einem weiteren Kennzeichen der siebenbürgischen Kultur – den Kirchenburgen. Sie waren für die Ortschaften geistliche Zentren einer schnell zum Protestantismus übertretenden Kirche, aber dienten auch als schützende Festungen, mit dicken Mauern und sogenannten Specktürmen versehen, die es den Einwohnern erlaubten, die schlimmsten Zeiten irgendwie zu überdauern. Heute bemüht man sich um ihre Erhaltung – die Evangelische Kirche ebenso wie deutsche und rumänische Stiftungen, Bürgerinitiativen oder Prinz Charles persönlich.
Zu dieser Welt einer Traditionen pflegenden Kultur gehörten auch die Märchen, die Josef Haltrich (1822-1886) sammelte und herausgab. Sie standen so gut wie in jedem Siebenbürger Haushalt und gehörten zur bürgerlich-bäuerlichen Bildung wie die Märchen der Brüder Grimm. Märchen sind jedoch immer auf der Wanderschaft. Es sind Erzählungen, die gerne mitnehmen, was sie am Wegrand finden oder was ihnen auf ihren Reisen durch die Zeit zugesteckt wird. Ohne einen Kontakt zum deutschen ‚Festland' hätte die Insel Siebenbürgens nicht recht kulturell überleben können. Auch hier spielte die Kirche eine große Rolle, denn sie schickte ihre intelligenteren Schäfchen gerne und regelmäßig in das deutsche Mutterland. Dort studierten die jungen Herren – Frauen waren es wohl lange Zeit nicht oder höchst selten – in Tübingen oder Leipzig, von wo sie die neuesten theologischen Ideen und Moden mitbrachten, zum Beispiel auch den Kakadu-Haarschnitt, der um 1700 mit einiger Verzögerung gegenüber Deutschland in Kronstadt Furore machte.
Josef Haltrichs Lebenslauf ist in dieser Hinsicht nicht untypisch. Geboren wurde er in dem Städtchen Sächsisch-Regen bei Bistritz, wo seine Mutter noch lange leben sollte. Er studierte von 1845 bis 1847 Theologie, Geschichte und Klassische sowie Deutsche Philologie in Leipzig, kehrte zurück,

wurde kurz Hauslehrer und geriet in die Revolutionswirren von 1848, die auch Siebenbürgen erfassten. Im selben Jahr wurde er Lehrer, später auch Rektor an der Bergschule, dem Gymnasium von Schäßburg (Sighişoara). Er ahnte nicht, dass diese Oberschule eines Tages nach ihm benannt werden würde. Auch sollte hier später ein Schüler lernen, der nachher als Physiklehrer dahin zurück kehrte und mit anderen die Menschheit auf den Mond brachte: Hermann Oberth, der Mentor Wernher von Brauns. Die Schule thront heute immer noch über der romantischen Stadt und wenn man den Berg durch die überdachte Schülertreppe erklommen hat, genießt man einen wunderbaren Blick auf die schuppigen Dächer von Schäßburg und die siebenbürgische Provinz. 1872 wurde Haltrich Pfarrer und zog mit seiner Frau, mit der er fünf Kinder hatte, ins benachbarte Schaas, vermutlich wegen des ungenügenden Gehalts als Lehrer. Hier widmete er sich seiner Gemeinde, seiner Familie und seinen volkskundlichen Studien und starb am 17. Mai 1886.

In Deutschland hatte Haltrich sich eingehend mit dem Werk der Brüder Grimm befasst und mit ihnen Kontakt aufgenommen. Schon seit 1842, als Schüler in Schäßburg, hatte er sich mit Grimms Märchen beschäftigt. Von Jakob Grimm hörte er Vorlesungen in Berlin. In seiner Leipziger Zeit tat er sich mit siebenbürgischen Studenten zusammen, die ähnliche Interessen verfolgten, nämlich die Erforschung und Bewahrung ihrer südosteuropäischen heimatlichen Kultur. Was ihn wie seine Freunde faszinierte, war die Idee, aus dem Volk heraus Überliefertes zü sammeln und zu untersuchen: Sprichwörter, Volkslieder, Rätsel, Flüche, Sitten, dialektale Ausdrücke oder Redensarten. Und natürlich Märchen! Zumal die Grimms und andere Volkskundler glaubten, dass sich in Siebenbürgen die ursprüngliche deutsch-germanische Kultur möglicherweise besonders rein erhalten haben könnte – sozusagen eingeschlossen in ein achthundertjähriges Einmachglas.

Zurück in Siebenbürgen beschloss Haltrich mit seinen Freunden Müller, Mätz, Schuster und Albert die heimatliche Kultur weiter zu erfassen. Einer sollte Lieder, der andere Sprüche, ein dritter Sagen sammeln. Haltrich nahm sich die Märchen vor. Bei aller Ähnlichkeit mit den Grimmschen Märchen gab es doch genügend Unterschiede, um eine solche Sammlung zu rechtfertigen. Viele der Märchen waren ihm aus der Kindheit in Sächsisch-Regen bekannt. Die Mutter, Großmutter und ältere Geschwister hatten ihn mit den wunderbaren alten Geschichten versorgt und genährt. Zudem gab es in seinem Geburtsort eine damals berühmte Märchenerzählerin namens Anna Marie Stephan. Nun, als Lehrer in Schäßburg, begann er diese Geschichten zu sammeln. Er ließ sie sich noch einmal erzählen, etwa von seiner Mutter. Er ließ auch Schüler, die aus den umliegenden Dörfern kamen, ihre Märchen mitbringen, oder bat Kollegen, dergleichen zu veranlassen. Bald kamen auch Niederschriften aus anderen Teilen Siebenbürgens zu ihm. Er hatte eine Goldader aufgetan und die Schüler, die zunächst schüchtern und zurückhaltend auf seine Bitten hin reagierten, waren zunehmend begeistert von dem Projekt. Nun hieß es, die mündlichen Berichte in schriftliche Formen umzugießen, dabei Varianten zu vergleichen und möglicherweise eine Idealform herzustellen. Denn viel von dem mündlich Erzählten nahm sich schriftlich ganz anders und oft weniger attraktiv aus. Wiederholungen oder logische Ungereimtheiten mussten weggeräumt werden. Sein großes Vorbild waren die Brüder Grimm, die Unvergleichliches geleistet hatten, indem sie den erzählten Stoffen eine erstaunlich konsistente Hülle und eine künstliche Volkshaftigkeit verliehen hatten. Immer wieder finden sich in Haltrichs Versionen Spuren des Sächsischen oder auch Rumänischen (oft Walachisch genannt). In der vorliegenden Ausgabe wurde darauf verzichtet, da es sich um ein (Vor-)Lesebuch handelt und nicht um eine kritische Edition. Schreibt Haltrich zum Beispiel in „Der listige Schulmeister und der Teufel" von *Hanfkamm* oder *Palukesknüppel*, so setzen wir des Verständnisses halber *Mistgabel* und *Holzknüppel*. *Kot* wird bei uns zu *Schlamm*, denn das ist seine Bedeutung im Text (man denke an *Kotflügel*, das den ursprünglichen Sinn bewahrt hat). Älteren Lesern aus Siebenbürgen mag dies gegen den Strich gehen, doch sollen diese Märchen ohne zu viel historische Bemühung an eine weitere Generation gereicht werden können. Haltrich selbst arbeitete in späteren Auflagen an seinen Texten, weil auch er schon fühlte, dass manches an sprachlichem Wissen verlorengegangen war. So hat er in der zweiten Auflage manchen Saxonismus, also sächsische Dialektwörter gestrichen. Seit seiner Leipziger Zeit stand Haltrich mit den Brüdern Grimm in schriftlichem Kontakt. Sie ermutigten ihn zu seiner Sammlung und hofften auf weitere Märchen aus dem südosteuropäischen Raum. Jacob Grimm sah das Manuskript auf Bitte Haltrichs vor der Drucklegung durch und vermittelte ihm den Berliner Verleger Julius Springer für die Sammlung. Springer war ein freiheitlich gesonnener Mann, der sich unter anderem auf Jugendbücher spezialisiert hatte; heute ist der Springer Verlag übrigens einer der wichtigsten Wissenschaftsverlage der Welt. Die Brüder Grimm verfolgten Haltrichs Unternehmen mit großer Sympathie. Jacob Grimm sah in den siebenbürgischen Märchen Parallelen mit Märchen aus europäischen Randgebieten wie Litauen, Estland und Finnland. Wilhelm Grimm lobte die schlichte und natürliche Sprache, vor allem aber Haltrichs Liebe zu seiner volkskundlichen Arbeit. Die Grimms übernahmen auch ein siebenbürgisches Märchen für ihre eigene Sammlung: „Das Meerhäschen" (Nr. 191 in den Kinder- und Jugendmärchen), das bei Haltrich „Von der Königstochter, die aus ihrem Schlosse alles in ihrem Reiche sah" hieß. Sprachlich gibt es einige Unterschiede. Bei Haltrich sagt etwa der Junge zum Fuchs: „Du hast Pfiff"; bei den Grimms: „Du weißt die rechten Pfiffe!" Ich würde in diesem Fall Haltrichs Version vorziehen.

Das Buch wurde insgesamt sehr freundlich aufgenommen, auch wenn sich die erste Auflage nur schleppend verkaufte; erst nach zwanzig Jahren kam es zu einer überarbeiteten Neuauflage. Haltrichs Leipziger Professor Wachsmuth, bei dem er Assistent gewesen war, pries den Sammelfleiß und das sprachliche Geschick und bewunderte die ihm bislang unbekannten Teufelsmärchen: „Wie doch der *dumme* Teufel überall hervorsticht!“ schrieb er 1856 in einem Brief an Haltrich. Es wäre einer Untersuchung wert, inwiefern die Übertölpelung des Teufels eine sächsisch-siebenbürgische Eigenart ist oder einen Einfluss aus der rumänischen Tradition darstellt. Siebenbürgische Atmosphäre findet sich auch in Märchen über Schulmeister und Pfarrer, Burgwächter und Hirten oder in Ausdrücken wie „nicht schieße!“ statt „schieß nicht“ oder „nicht schießen!“ (wir haben auch das in der vorliegenden Ausgabe an den heutigen Sprachgebrauch angepasst). Eine Frage, die sich bei der Beschäftigung mit den siebenbürgischen Märchen stellt, ist: Woher kommen sie eigentlich? Als man im 19. Jahrhundert die nordisch-germanische Mythenwelt entdeckte, glaubte man, viele Märchen seien herabgesunkene Mythen. So sei das Schloss in „Von der Königstochter, die aus ihrem Schlosse alles in ihrem Reiche sah“ eigentlich Odins Wohnsitz und ähnliche Spekulationen. Auch die Grimms glaubten ja, in Siebenbürgen habe sich ein Urzustand des deutschen Märchens, insbesondere der Tiermärchen, erhalten. Später hat man dann zunehmend festgestellt, wie sehr auch diese Märchen gewandert sind, Einflüsse aus dem rumänischen Umfeld oder aus dem Orient aufgenommen haben. Ein guter Teil des Stoffes dürfte aber mit den ersten Siedlern im ausgehenden Mittelalter aus deutschen Landen eingewandert sein. Weitere Motive könnten im Austausch mit dem Mutterland, vor allem auch während der Reformation, gekommen sein; andere über kulturelle Kontakte zur nichtdeutschen Bevölkerung oder über Kaufleute aus dem Orient, die in Kronstadt

Halt machten. Insgesamt ergibt sich ein komplexes Bild und keine monokausale Entwicklung. In einer Reihe von Märchen, Schwänken und Sagen setzen die Sachsen sich auch mit den anderen Bevölkerungen in Siebenbürgen auseinander: Ungarn, Zigeuner, Székler, Juden und Rumänen. Das geschieht nicht selten mit Vorurteilen und Andichten von negativen Eigenschaften. Auf diese Texte haben wir in der vorliegenden Ausgabe verzichtet; aber sie gehören sicherlich in eine kritisch-historische Edition.

Warum hat Josef Haltrich dieses Projekt eigentlich auf sich genommen? Es ist zu vermuten, dass die Leipziger Studienzeit prägend war oder ihn in seiner bereits vorhandenen Motivation entscheidend stärkte. Er lernte in dieser Zeit ja den großen Einfluss anderer Sammler deutschen Volksgutes kennen. Die Sammeltätigkeit war zudem inzwischen schon europäisch geworden. Jede Nation brachte ihre eigenen Märchenfreunde und -sucher hervor; eine Tätigkeit, die den naturforschenden Fossiliensuchern und Hobbymineralogen, den Schmetterlingsjägern und Botanisierern jener biedermeierlichen Zeit vergleichbar ist. Man verband sich mit der Umwelt, mit der Geschichte und dem, was man für das eigene Volk hielt. In Finnland sammelte Elias Lönnrot für das Epos *Kalevala*, in Schottland war James MacPherson schon zuvor für den *Ossian* unterwegs gewesen und hatte zu einer Keltenbegeisterung geführt. Herder, Brentano und Arnim trugen Volkslieder zusammen und zur selben Zeit wie Haltrich brachte der Russe A.N. Afanassjew seine russischen Zaubermärchen heraus. Vielleicht wurde sich Haltrich auch gerade in der Ferne seiner Heimat bewusst; er sah die Differenz und die Verbindung zu Deutschland. Mit seiner separaten Sammlung der Tiermärchen hatte er eine weitere Ader aufgetan, die jedoch noch spezifischer siebenbürgisch zu sein schien. Weitere Arbeiten begleiteten seine Tätigkeit als Sammler. Sie weisen ihn alle als Liebhaber der siebenbürgischen Kultur aus: „Die Tierwelt in Sprichwort und

Redensart", „Die Zigeuner im sächsischen Volksmund", „Sächsischer Volkswitz und Volkshumor", „Die Welt unserer Märchen und unserer Kinder" und vieles mehr: über Stiefmütter und Waisenkinder, Kinderspiele und -reime, Aberglauben, Redensarten, Rätsel oder Inschriften an Häusern, Schulen, Kirchen, auf Fahnen und Wirtshäusern. Diese Texte wurden 1885 in einem Sammelband unter dem Titel *Zur Volkskunde der Siebenbürger Sachsen* herausgebracht. Nach eigenen Angaben wollte Haltrich mit den Märchen ein Zeichen setzen gegen einen möglicherweise bevorstehenden Untergang der siebenbürgischen Kultur, wie er im Vorwort zur ersten Auflage schreibt. Er empfand mit vielen Siebenbürgern die Zeit als eine von „Zersetzung und Zersplitterung" und äußerte sich auch in Zeitungsartikeln dazu. Da galt es das bedrohte Erbe in Sicherheit zu bringen, sozusagen in eine Märchen-Arche zu setzen. Ein weiterer Grund war die zunehmende Verstädterung und damit die Entfremdung vom ländlichen Leben. Haltrich wollte der „kalten Nüchternheit und Trockenheit" des städtischen Lebens, dem kalten Verstand und der materialistisch werdenden Welt ein Gegenmittel ins Haus bringen, „stille, genügsame Häuslichkeit" und „gemütliche Erziehung" (als Erziehung des Gemüts). Das ist nun nicht unbedingt rückständig. Der Siebenbürger Lehrer hatte hier ähnliche Gedanken wie sein englischer Zeitgenosse Charles Dickens, der in seinen Werken das totale Nützlichkeitsdenken geißelte und eine seelenvolle Erziehung forderte, so in seinem Roman *Hard Times* (1854). Deshalb forderte auch Haltrich eine Erziehung zur Phantasie ohne didaktischen Zeigefinger, keine fromm-lehrhaften Kinderbücher, sondern solche, die Herz und Geist ansprechen. Nicht zuletzt sah er in seiner Sammlung auch eine Hommage an das ferne deutsche Mutterland, ein kleines „Reis von der großen deutschen Eiche, welches in den fernen Osten verpflanzt worden". Es ist ein Ruf nach Zusammenhang, gegen die Vereinsamung. Völkisch verbrämt, ja, so war der Zeitgeist, aber aus heutiger Sicht würde man auch ein anderes Wort wählen können: Diaspora. Zwanzig Jahre später, im Vorwort zur zweiten Auflage, sieht er die Modernisierung schon weiter fortgeschritten. Eisenbahn, Fabrik und Telegraf haben mehr und mehr die Zwerge und Feen der Märchen aus den Wäldern vertrieben. Die Nachrichten der Welt sind bis in die hintersten Winkel vorgedrungen und brechen die alten Familientraditionen des Erzählens an langen Abenden, am häuslichen Herd, Kamin oder Spinnrad, auf. Der Unterschied von Land und Stadt schwindet und bald haben die Märchen keinen Wurzelgrund mehr.

Man muss also Haltrichs Sammlung vor dem Hintergrund eines Horizonts unerbittlicher Modernisierung sehen. Heute haben wir weiterhin guten Grund, Märchen zu lesen, denn die Kälte und Trockenheit, von der Haltrich damals sprach, hat inzwischen noch viel größere Dimensionen und andere Bezeichnungen. Wenn wir hier die siebenbürgischen Märchen in einer um etwa zwei Drittel gekürzten und leicht bearbeiteten Version herausgeben, so steht dahinter der Wunsch, man möge sich an alten Bildquellen, an einer kindlichen Welteinstellung, am Umgang mit Archetypen erfrischen und erfreuen. Sie helfen uns, die Phantasie zu beleben und zu erhalten. Zugleich wäre zu wünschen, dass die Märchen Zugang verschaffen zu kulturellen Mustern der Vergangenheit, mit denen wir heute kritisch und bewusst umgehen müssen. Für manche mögen sie vielleicht auch eine Eintrittskarte nach Rumänien darstellen, ein Land, das viele Wunder aufzuweisen hat.

Eine Reise nach Rumänien führte mich 2015 auf die Spuren Haltrichs. In Sächsisch-Regen durften wir im Pfarrhaus in das Geburtsregister schauen. Der vielleicht letzte siebenbürgischdeutsche Pfarrer öffnete uns mit Freuden seine Archive. In Schäßburg war das Gymnasium, die Bergschule oder das Josef-Haltrich-Lyzeum zu besichtigen. Wenige Kilometer weiter südlich dann das Dorf Schaas (Şaeş), in dem wir das Pfarrhaus

fanden und in den Hof lugten. In Schaas wohnen heute hauptsächlich Rumänen, neben ein paar Ungarn, Roma und ganz wenigen Sachsen. Schaas hat unter den Sachsen den Ruf, das Dorf der Spaßmacher und Schildbürger zu sein. Der Friedhof von Schaas liegt auf einem Hügel über der Kirche. Dort fand ich schließlich das Grab von Josef Haltrich. Er liegt hier neben seinem Stiefsohn Gustav Balthes begraben. Die Biographen sagen wenig zu seinem persönlichen Leben. Einer von ihnen beschreibt Josef Haltrich als einen selbstlosen, bescheidenen Menschen mit großer Herzensgüte. Zwischen dem gelehrten Geistlichen und den Märchen stellte er eine innere Verwandtschaft fest. Der Friedhof liegt einige hundert Meter von dem Pfarrhaus entfernt. Hier verbrachte der Märchenfreund seine letzten Jahre mit der Arbeit an einem siebenbürgischem Wörterbuch (zu dem einst schon Leibniz angeregt hatte), der Niederschrift seiner volkskundlichen Arbeiten und der Beobachtung des Wetters. Das Wetter in seinen Märchen ist jedenfalls zauberhaft-siebenbürgisch.

Literatur

Binder, Martin; Heltmann, Heinz, Hrsg. *Schaas – eine siebenbürgisch-sächsische Gemeinde im Schäßburger Bergland.* München: Siebenbürgisch-Sächsische Stiftung 1999.

Haltrich, Josef. *Deutsche Volksmärchen aus dem Sachsenlande in Siebenbürgen.* Vorwort zur ersten Auflage. Berlin: Julius Springer 1956.

Markel, Hanni. Nachwort zu Haltrich, *Sächsische Volksmärchen aus Siebenbürgen.* Bukarest: Kriterion 1973, 423-440.

Schullerus, Adolf. „Haltrich, Josef". Lexikoneintrag in *Allgemeine Deutsche Biographie*. Band 49 (1904), 743-736.

Meinem Freund Frieder Schuller aus Katzendorf danke ich, dass er mich zu Josef Haltrichs Stätten gebracht und mich mit vielerlei Hinweisen zur Bedeutung dieses Gelehrten versorgt hat. Herrn Dr. Heinz Heltmann, gebürtig aus Schaas, danke ich für wichtige biographische Ergänzungen. Der Text stellt das Nachwort dar für eine Neuausgabe der Märchen im Verlag Hamouda, Leipzig.

Eine Parkbank für Worte. Frieder Schullers Lyrik

Ein Gedichtband kann eine Parkbank sein. Man ruht sich aus, man streckt die Beine und den Geist aus. Man beobachtet und unterhält sich, man liest keine Zeitung. Das Leben zieht vorüber, wir versuchen es mit Worten zu fixieren, wohl wissend, dass alles vergeblich ist. Aus diesem Widerspruch heraus entstehen Gedichte.

Wie soll man Gedichten Worte nachrufen? Das Gedicht ist immerzu auf der Flucht vor zu viel Meinung, zu viel Deutung, zu viel Beladung. In seiner kommunistischen Heimat verbündete sich der Dichter mit der Schreibmaschine, denn *worten auf der flucht vor dem applaus gewährte sie asylrecht*. Will das Gedicht überhaupt gerne verstanden sein? Nur unter Schwierigkeiten gerne. Oder *bieten nachtfalter losungsworte an*, wie es im vorliegenden Band heißt? Das Gedicht stört die üblichen Klopfzeichen des Verstehens, das Erstaunen des wirklichen Lebens dringt durch den Firnis der Sprache. So lehrte schon William Carlos Williams, einer der Urväter der Moderne.

Der Amerikaner studierte übrigens in Leipzig, und die Gedichte, die Frieder Schuller hier vorlegt, erinnern an diese Stadt. Schullers Texte haben nämlich einen Bezug zu Leipzig, war er doch mit Georg Maurer (1907-1971) verwandt. Dieser Lyriker, der am Institut „Johannes R. Becher" (heute „Deutsches Literaturinstitut") in Leipzig Schreiben lehrte und ganzen Dichtergenerationen als Mentor diente, wurde in Siebenbürgen geboren und kam, wie ein halbes Jahrhundert später Schuller auch, aus Rumänien nach Deutschland. Bewohner der früheren DDR könnten ein besonderes Einfühlungsvermögen behalten haben, das ihnen bei der Lektüre dieser Texte hilft. Denn sie betreffen einerseits das Leben in einer Diktatur, andererseits das Ankommen in einer geistig wie ökonomisch neuen Welt. Vor allem aber geht es um das Leben der Sprache in Zeiten ihrer Unterdrückung und in Zeiten ihrer Kommerzialisierung. Sie führt auf verschlungenen Pfaden über paradoxe Bilder und unerwartete Verknüpfungen direkt hinein *in der zeiten spurensuche.* Und hier eröffnet sich bei Schuller eine Welt des Unberechenbaren, Überwältigenden, Flüchtigen, denn *unzuverlässig das vergessen, wenn küsse reißnägel im gedächtnis sind.* Die Zeit ist eine wunderbare Kumpanin, kann aus dem Nichts auftauchen und wieder verschwinden, nur *in des schlafes vorraum liegt die post herum.* Doch gibt es noch eine andere Gefährtin, die Musik nämlich, die mit dem Gedicht an einem Strang zieht. Schullers lebenslange Liebe, vor allem zu Franz Schuberts dunkler Tonart, erzählt davon in den *Nicht geschriebenen Tagebuchseiten* auf Schloss Szelis.

Schuller wurde 1942 in Katzendorf/Caţa als Sohn eines siebenbürgisch-sächsischen Pfarrers geboren, er besuchte das Gymnasium in Kronstadt/Braşov, wollte oder sollte zunächst Theologie studieren, wandte sich aber der Germanistik zu, die er in Klausenburg/Cluj mit einer Diplomarbeit über Georg Maurers Liebesbegriff abschloss. Er war als Kulturredakteur tätig und ging dann als Dramaturg ans Staatstheater von Hermannstadt/Sibiu. Zwei Stücke brachten es ungewollt nicht bis zur Premiere, Gedichte wurden immer mehr für die Schublade geschrieben. Günter Grass schrieb hilfreiche Briefe, so gelang 1978 die Auswanderung in die Bundesrepublik. Hier begann Schuller Drehbücher zu schreiben und drehte als westlicher Regisseur unter schwierigsten Bedingungen Filme in seiner ehemaligen Heimat, dem kommunistischen Rumänien. Es entstand der Spielfilm *Der Glockenkäufer*, in dem es um einen ausgewanderten Siebenbürger Sachsen geht, der alte Kirchenglocken nach Westdeutschland verkaufen will, was ihm nicht gelingen wird. Es folgte *Im Süden meiner Seele*, die Entstehungsgeschichte eines berühmten Gedichtes von Paul Celan in dessen frühen Bukarester Jahren. Als 1990 der Eiserne Vorhang gefallen und die Grenzen offen waren, als fast alle Siebenbürger Sachsen ins erhoffte Heimatland Deutschland

strömten, wählte Schuller den umgekehrten Weg. Er restaurierte das verlassene Pfarrhaus in Katzendorf und initiierte hier seit 1992 die Katzendorfer Kulturtreffen, die inzwischen zu einem transsilvanischen Mythos geworden sind. Dort werden Stücke uraufgeführt, es wird musiziert und rezitiert, es kommt die dichtende Zigeunerprinzessin Luminiţa, es singt der Poet und Vorsitzende des rumänischen Schrifstellerverbandes, ein Berliner übt mit Romakindern Pantomime oder man wandert hinauf zu den Hirten. *Die Vergangenheit hält Kopfhörer bereit*, heißt es in der Einladung zum Fest der Verleihung des Dorfschreiberpreises von Katzendorf, den Schuller 2011 ins Leben gerufen hat. Autoren, die mit diesem Preis ausgezeichnet werden, können unentgeltlich wohnen nach Schreibeslust im Pfarrhaus von Katzendorf und ihr Preisgeld als tägliches Brot hinnehmen. Es geht hier nicht allein um die oft beschworene Rettung und das Erbe der siebenbürgischen Kultur, sondern um den lebendigen Kulturaustausch heute. Da es nur noch wenige Sachsen in Siebenbürgen gibt, steht der Austausch und die Verständigung zwischen Deutschsprachigen, Rumänen, Ungarn und Roma im Vordergrund.
Beim Kulturtreffen im Jahr 2013 hat Frieder Schuller sein Theaterstück über den aus Rumänien stammenden Dichter Oskar Pastior aufgeführt: *Ossis Stein oder Der werfe das erste Buch*. In der Scheune auf dem Pfarrhof führten Schauspieler des Nationaltheaters Sibiu dem Publikum Stationen aus dem Leben dieses um seine Jugend betrogenen Dichters vor Augen. Er, der in Deutschland ein subversiver und gefeierter Sprachkünstler wurde, dessen Wortmagie bis in Nobelpreis gekrönte Bücher strahlte, musste sich im totalitären Rumänien der Zensur fügen und sich zur Mitarbeit mit dem Geheimdienst erpressen lassen. Pastior steht für viele ähnliche Schicksale, und dass sich Schuller dieser Biographie seines Landsmannes annahm, spricht für sein Verständnis für das komplexe Leben in totalitären Systemen und sicherlich auch für eigene Erfah-

rungen, in denen er Abstand und Nähe zum Staat für sich definieren musste. Unüberlesbar der Hang zur Negation, zum Brüchigen und Doppelbödigen in Versen wie *die stille fühlt sich wie briefpapier an.*

Frieder Schullers Gedichte sind die andere Seite einer Medaille, die Erzählen heißt. Denn der Siebenbürger Pfarrersohn ist ein begnadeter Erzähler, der mit herrlicher erinnernder Intonation die wunderbarsten Vögel aus dem Himmel der Anekdoten und Geschehnisse herabwinkt. Hier lebt ein altes Siebenbürgen auf, eine k.u.k. Erzählfreude, die sich allen Zuhörern mitteilt. Das Erzählen des Alten, das Verdichten des Jetzigen sind beide Seiten eines Verlustes, den wir alle in dieser oder einer anderen Form erleben. Als Frieder Schuller 1978 in die Bundesrepublik ausgereist war, schrieb ihm Günter Grass diese Zeilen:

Sicher wird Ihnen bewußt sein, daß Sie als Schriftsteller ein großes Thema im Gepäck mit sich führen, dem Sie sich stellen sollten; weiß ich doch aus eigener Erfahrung, daß der Verlust von Heimat erst dann total wird, wenn man den geographischen Verlust auf die gesamte Substanz ausdehnt. Ihren Gedichten lese ich ab, daß Sie dieser Gefahr nicht erliegen werden.

Quellenangaben

Alle Texte, die zuvor publiziert waren, sind für diese Ausgabe überarbeitet worden.
Mit Dank an die früheren Herausgeber und Publikationsorte.

Transsilvanien ohne Dracula. Eine Reise durch das sächsische Siebenbürgen. *Liaisons. Magazin für den Kulturdialog.* Nr. 5&6 (Winter 2011/12), 33-39.

Katzendorfer Rede (unveröffentlicht).

Rumänisches Intermezzo: Moldawien, Siebenbürgen, Bukowina (2015, unveröffentlicht)

Tagebuch Moldau – Bukowina – Siebenbürgen 2016 (unveröffentlicht).

Rumänische Phantastik – oder wie ich Mircea Eliade wiederentdeckte. *Inklings Jahrbuch* 30 (2012), 284-292.

Drei Schlösser. Eine literarische Reise zwischen Böhmen und Transsylvanien. In *Alteritäten: Literatur, Kultur, Sprache. Festschrift für Wolfgang Schwarz zum 65. Geburtstag.* Hg. von Grit Mehlhorn, Hans-Christian Trepte et al. Hildesheim: Olms 2013, 14-25.

Der Aufstand der Untoten: Bram Stokers *Dracula.* Nachwort zu Bram Stoker, *Dracula*, aus dem Englischen übersetzt von Ulrich Bossier. Ditzingen/Stuttgart 2012, 591-604.

Transsilvanische Rhapsodien: Siebenbürgen in der britischen Reiseliteratur (unveröffentlicht).

Zuflucht in Transsilvanien. Erstmals als „Transsilvanien liegt ihm im Blut. Rettung für eine alte Welt: Das Engagement von

Prinz Charles in Siebenbürgen." *Frankfurter Allgemeine Zeitung* 12.11.2016, S. 18.

Unterbrochene Reise: „Patrick Leigh Fermor, Die unterbrochene Reise. Vom Eisernen Tor zum Berg Athos. Der Reise dritter Teil." Zürich: Dörlemann, 2013. *Spiegelungen. Zeitschrift für deutsche Kultur und Geschichte Südosteuropas.* Jahrgang 10, Nr. 64, 234-237.

Schäbiges Schmuckkästchen. Noémi Kiss reist durch den Osten Europas. *Spiegelungen. Zeitschrift für deutsche Kultur und Geschichte Südosteuropas.* Heft 2/2015, Jg. 10 (64).

Der Märchensammler aus Siebenbürgen. Leben und Werk von Josef Haltrich. Nachwort in Josef Haltrich, Hg., *Siebenbürger Märchen.* Leipzig: Edition Hamouda 2016.

Eine Parkbank für Worte. Erstmals als „So ein Gedichtband kann eine Parkbank sein." Nachwort zu Frieder Schuller, *Die Angst der Parkbank vor dem Abendrot.* Leipzig: Connewitzer Verlagsbuchhandlung 2016, 117-121.